Innuit
Naskapi
Labrador
Cri
Canada
INNU
Algonquin
Attikamekw
Wendat
Malecites
Miq'Ma
Mohawks

Je me souviens…
des premiers contacts
De l'ombre à la lumière

[redacted]

ISBN : 978-2-89544-159-5
Dépôt légal – Bibliothèque et Archives nationales du Québec, 2009
Dépôt légal – Bibliothèque et Archives Canada, 2009

Éditions MultiMondes
930, rue Pouliot
Québec (Québec) G1V 3N9
CANADA

Téléphone : 418 651-3885
Téléphone sans frais : 1 800 840-3029
Télécopie : 418 651-6822
Télécopie sans frais : 1 888 303-5931
multimondes@multim.com
http://www.multim.com

[redacted]

DISTRIBUTION AU CANADA

Prologue inc.
1650, boul. Lionel-Bertrand
Boisbriand (Québec) J7H 1N7
CANADA

Téléphone : 450 434-0306
Tél. sans frais : 1 800 363-2864
Télécopie : 450 434-2627
Téléc. sans frais : 1 800 361-8088
prologue@prologue.ca
http://www.prologue.ca

DISTRIBUTION EN FRANCE

Librairie du Québec
30, rue Gay-Lussac
75005 Paris
FRANCE

Téléphone : 01 43 54 49 02
Télécopie : 01 43 54 39 15
direction@librairieduquebec.fr
http://www.librairieduquebec.fr

DISTRIBUTION EN SUISSE

SERVIDIS SA
chemin des chalets 7
CH-1279 Chavannes-de-Bogis
SUISSE

Téléphone : (021) 803 26 26
Télécopie : (021) 803 26 29
pgavillet@servidis.ch
http://www.servidis.ch

DISTRIBUTION EN BELGIQUE

La SDL Caravelle S.A.
Rue du Pré aux Oies, 303
Bruxelles
BELGIQUE

Téléphone : 0032 2 240 93 00
Télécopie : 0032 2 216 35 98
Sarah.Olivier@SDLCaravelle.com
www.SDLCaravelle.com

Les Éditions MultiMondes reconnaissent l'aide financière du gouvernement du Canada par l'entremise du Programme d'aide au développement de l'industrie de l'édition (PADIÉ) pour leurs activités d'édition. Elles remercient la Société de développement des entreprises culturelles du Québec (SODEC) pour son aide à l'édition et à la promotion.

Gouvernement du Québec – Programme de crédit d'impôt pour l'édition de livres – gestion SODEC.

Nous remercions le Conseil des Arts du Canada de l'aide accordée à notre programme de publication.

10%

GARANT DES FORÊTS INTACTES

Sources mixtes
Groupe de produits issu de forêts bien gérées, de sources contrôlées et de bois ou fibres recyclés
www.fsc.org Cert no. SGS-COC-003885
© 1996 Forest Stewardship Council
FSC

Imprimé avec des encres végétales sur du papier dépourvu d'acide et de chlore et contenant 50% de matières recyclées dont 10% de matières post-consommation.

IMPRIMÉ AU CANADA/PRINTED IN CANADA

Sous la direction de Josée Leblanc
Œuvres de Ernest *Aness* Dominique

Je me souviens...
des premiers contacts
De l'ombre à la lumière

ÉDITIONS
MULTIMONDES

Rédaction

Alain Paul
Armand MacKenzie
Aurélien Gill
Denys Delâge
Doreen Picard
Eva Ottawa
Fabien Lamothe
Florent Vollant
Ghislain Picard
Gilbert Dominique
Jacqueline O'Bomsawin
James Papatie
Jean-Charles Petashu
Josée Leblanc
Michèle Rouleau
Nadine St-Louis
Odette Rioux
Pierre Gill
Pita Aatami
Philip Einish
Rémi Kurtness
Rémi Savard
Richard Kistabish
Roberta Barnaby
Sylvie Bernard
Sylvie Paré
Yvette Chachai

Corrections

Chantale Potvin
Monique Drapeau
Éditions MultiMondes

Traduction et corrections

Marie-France Bouquillard

Coordination du projet

Josée Leblanc

Collaboration à la recherche

Denys Delâge
Rémi Savard
Serge Bouchard
Sylvie Vincent

Artistes et artisan(e)s

Ernest *Aness* Dominique
Gary McArland
Christophe Fontaine
Michèle Leblanc
Annie Mowatt
Bernadette Ciska
Uldérik McKenzie
Bruno Ouellette
Yvette McKenzie
William Mathieu Mark
Joël Robillard

Photographie

Louise Leblanc
Marc Vollant

Supervision

Josée Leblanc

Catalogage avant publication de Bibliothèque et Archives nationales du Québec et Bibliothèque et Archives Canada

Vedette principale au titre :

Je me souviens… des premiers contacts : de l'ombre à la lumière

ISBN 978-2-89544-159-5

1. Indiens d'Amérique – Premiers contacts avec les Européens – Québec (Province). 2. Indiens d'Amérique – Premiers contacts avec les Européens – Canada. 3. Indiens d'Amérique – Québec (Province) – Histoire. 4. Indiens d'Amérique – Canada – Histoire. I. Leblanc, Josée, 1969- . II. Paul, Alain. III. Delâge, Denys.

E78.Q3J4 2009 971.4004'97 C2009-942526-2

Spécialement pour les jeunes
des Premières Nations.

Au-delà de l'art, l'histoire,
et au-delà de l'histoire, l'espoir.
Josée Leblanc

Table des matières

Tout dans la vie est raconté à la suite d'une première impression, tout est basé sur une première sensation. L'interprétation de nos sensations est, sans nul doute, propre à la nature humaine. La première sensation peut être notre plus grande amie et ou notre plus grande ennemie. N'y a-t-il pas, dans les lectures, une interprétation qui résulte d'une première impression née d'une écriture qui, souvent, est d'abord interprétée à la suite d'une expérience de vie ?

Place à une interprétation simple, née d'histoires et de récits véridiques. Nous vous amenons dans un univers trop méconnu encore aujourd'hui, parfois même censuré, afin de bien entendre et comprendre ces nations qui, dans une certaine inconscience, ont suivi le chemin de leur cœur.

Josée Leblanc

Préface

Aurélien Gill
Sénateur

Je suis très heureux de m'associer à ce projet d'écriture. Il se trouve que nos peuples dénombrent trop peu d'écrits tangibles, tant sur l'histoire que sur l'actualité. Cela s'explique en partie par le fait que la civilisation à laquelle nous appartenons est plus ancienne que l'invention de l'écriture. Avant « les premiers contacts », toutes les informations sur les légendes, les traditions et les valeurs en général se transmettaient oralement de génération en génération.

Notre peuple évolue dans la souffrance, sans faire de bruit, comme la forêt qui pousse en silence.

Il n'était donc pas un fait de nos cultures de nous décrire et de nous raconter par écrit, comme cela se faisait habituellement au sein d'autres sociétés. Ce qui devait arriver arriva : notre histoire et l'histoire de notre pays ont été écrites dans la perspective vraiment négative, sans justesse et sans justice, que les nouveaux arrivants européens avaient à l'égard du Canada et de ses habitants. Les premiers étrangers ont dépeint les populations autochtones à leur façon. Il y a eu plusieurs versions de l'histoire selon la culture, la perception et, bien entendu, selon les intérêts de ceux qui avaient les moyens d'imposer une « version officielle » propagée par les manuels scolaires. Plusieurs faits ont été racontés, mais combien peu de récits composés avec objectivité et fidélité !

Cela, c'est le passé ! Maintenant, les choses se sont améliorées à force d'actions positives. Or, il est toujours aussi urgent de favoriser les initiatives d'écriture, afin que nous véhiculions nous-mêmes les images et les informations que nous sommes en droit de donner à propos de ce que nous sommes.

L'histoire, consignée dans les livres et les manuels scolaires, a toujours été un véhicule de promotion nationale. C'est ainsi que s'est enracinée, si longtemps et si profondément, l'idée saugrenue selon laquelle ces « gens venus d'ailleurs » que sont les Européens des premiers contacts, étaient les seuls découvreurs et les propriétaires exclusifs du territoire. Cette absurdité est sur le point de disparaître complètement. Mais que de chemin parcouru, depuis qu'elle a commencé à ravager nos cultures et à fouler aux pieds nos droits.

Durant les premiers contacts, le Nouveau Monde représentait uniquement des possibilités de faire fortune. L'accès à ces ressources monnayables était limité aux détenteurs de pouvoir sur les plans gouvernemental, économique et religieux. Les expéditions étaient fortement contrôlées par ceux qui voulaient établir leur autorité et protéger leur monopole. C'est ainsi que, dès le départ, on a façonné une fausse image, très négative, du pays qu'on venait coloniser : peu accueillant, voire dangereux.

Il y eut fort heureusement quelques Européens qui, vivant auprès de familles des Premières Nations, les ont bien connues et qui nous ont transmis par écrit des descriptions contredisant violemment les fabrications « officielles ». Le baron de La Hontaie en est un exemple intéressant. Devenu coureur des bois, il a rédigé des textes tout en faveur des Autochtones et il a dû se battre pour les publier avant sa mort, survenue en 1703.

Plus près de nous, certains scientifiques, historiens et anthropologues ont repris ce flambeau. C'est le cas de Serge Bouchard avec, entre autres, son émission radio *De remarquables oubliés*. Que de personnages extraordinaires, membres des Premières Nations, que l'Histoire n'a pas jugé bon de faire connaître !

La pénurie en écrivains n'a toutefois pas empêché l'émergence du leadership autochtone. De nombreux orateurs de talent se sont manifestés aux moments opportuns, en réussissant à faire connaître les faits au sujet de la situation catastrophique dans laquelle se sont progressivement retrouvées la plupart des communautés à travers le pays. Ces orateurs dévoués sont finalement parvenus à démontrer, de façon claire et irréfutable, l'existence de nos droits. Et il faut souligner le travail de nos artistes et artisans dont les créations rappellent et actualisent le patrimoine plusieurs fois millénaire qui nous distingue : la musique, la chanson, la sculpture, la peinture, l'artisanat. Combien d'œuvres remarquables, justifiant notre fierté et sauvegardant notre mémoire ?

Il est plus que jamais nécessaire de rappeler et d'apprendre à ceux qui l'ignorent que les terres d'Amérique sont, depuis toujours et jusqu'à nos jours, imprégnées des pas de nos ancêtres et de leurs esprits. Ceux qui sont attentifs ont, du reste, toujours décelé, partout sur le territoire canadien, les marques de ces pas qui conduisent au respect de la vie, qu'elle soit faune ou flore, et à des savoirs pleins de sagesse. Ce n'est rien d'autre que le patrimoine ancestral de nos nations, fières et dignes, qui a permis aux générations suivantes de résister aux tentatives d'assimilation.

Nos ancêtres étaient loin de se douter que la venue de ces visiteurs changerait radicalement le cours des choses ! Comment prévoir qu'un si bon accueil serait l'occasion d'une prise de possession exclusive du territoire ? Comment prévoir qu'on pouvait prétendre « posséder » ce qui porte la vie, ce qui la nourrit, ce qui permet de la transmettre ? Comment prévoir que des gens si bien outillés pouvaient être à ce point « coupés d'eux-mêmes et de la terre »

Sans céder à une nostalgie de mauvais aloi, je ne peux m'empêcher de croire qu'il y aurait eu moyen de vivre ensemble. J'ai basé toute ma vie active sur cette conviction. Qu'est-ce qui n'a pas marché ? On ne le sait que trop : il y eut une volonté impérialiste et raciste. Les Indiens devaient disparaître ; l'homme blanc devait être la race dominante. C'est l'erreur de tout impérialisme de vouloir POSSÉDER alors que les gens qui habitaient déjà le territoire voulaient PARTAGER.

Nous avons un avenir. Il faut maintenant soigner et guérir nos blessures, il faut se bâtir et se rebâtir. Il faut retrouver toute notre dignité, notre force et notre courage. Il ne s'agit pas de dire que nous sommes meilleurs et que nos cultures sont supérieures aux autres. Nous avons simplement pleinement le droit d'être et de vivre selon ce que nous sommes. Nos traditions font partie de notre identité, elles sont certainement aussi valables que celles des autres. Nous brillons par l'éloquence de ce que nous sommes : par notre quiétude, notre force de survivance, notre capacité de souffrance, notre spiritualité, notre émerveillement face à la création, notre respect pour la mère Terre, notre capacité d'accueil, notre symbiose et notre harmonie avec les autres créatures, notre joie de vivre et notre humour…

Pourtant, notre peuple évolue dans la souffrance, sans faire de bruit, comme la forêt qui pousse en silence. Si donc, nous avons subi des désastres, étant chassés, gouvernés, dominés, ignorés, humiliés, nous sommes assurément capables de relever le défi de notre pérennité. Mais cela ne peut se réaliser sans que les Premières Nations s'unissent pour travailler ensemble, en prenant la place qui leur revient dans ce pays. C'est pourquoi, avant de quitter le Sénat, il me tenait tant à cœur de déposer un projet de loi pour la création d'un gouvernement autochtone, dans l'optique qu'il devienne à la fois un instrument d'unification et un levier efficace face aux pouvoirs du Parlement.

Ces quelques réflexions partagées avec vous, je les ai transmises tout au long de ma vie à mes enfants et mes petits-enfants.

En terminant, qu'on me permette de paraphraser un proverbe juif, selon lequel « l'héritage qu'il faut laisser à ceux qui nous suivent et nous succèdent, ce sont des racines et des ailes ».

Les premiers habitants

Denys Delâge
Anthropologue

Tout comme le reste d'Amérique, le Québec est un Ancien Monde, puisqu'on y trouve des traces d'occupation humaine vieilles de près de 9 000 ans et, dans l'espace polaire, d'environ 3 000 ans. À l'époque de l'arrivée des premiers pêcheurs européens dans le golfe du Saint-Laurent, au début du XVIe siècle, les Premières Nations appartenaient à trois grandes familles linguistiques occupant des niches écologiques distinctes : au nord, les Inuits chasseurs de baleines et de mammifères marins ; sur les rives du Saint-Laurent depuis les environs de Québec en remontant le fleuve, les Iroquoiens du Saint-Laurent, sédentaires et cultivateurs de maïs, de courges, de haricots et de tabac ; partout ailleurs, dans les Appalaches et dans le bouclier laurentien, des Algonquiens, tous nomades, chasseurs-pêcheurs-cueilleurs et vivant des ressources de leur habitat. Il s'agit des Micmacs en Gaspésie, des Malécites et Abénaquis à l'est, des Cris et des Naskapis au nord, des Innus (Montagnais) sur la rive nord du fleuve depuis Québec vers l'aval, des Algonquins établis depuis Québec vers l'amont du fleuve et de l'Outaouais jusqu'en Abitibi, des Attikamekw sur le haut Saint-Maurice.

Nous autres, les Indiens, avons toujours aimé et respecté la nature. Que des hommes tentent de la modifier nous préoccupe énormément. Sachez qu'il est toujours plus difficile de rétablir l'équilibre naturel que de produire un déséquilibre. L'homme n'est pas né sur Terre pour corriger la nature, mais pour en être le fidèle gardien.

Parole amérindienne

Il est très difficile d'évaluer la taille de ces populations à cette époque, peut-être, au plus, 25 000 personnes dont 10 000 auraient vécu dans les villages des horticulteurs iroquoiens. La rigueur de l'hiver, doublée des migrations animales, ne permettait pas la subsistance de populations nomades denses, malgré l'abondance du gibier, durant les trois autres saisons. Le poisson était « en son empire » dans le golfe et le fleuve, le saumon remontait jusqu'à Niagara, le vol des oiseaux migrateurs obscurcissait la lumière du soleil, la tourte maintenant disparue, était d'une extraordinaire abondance, l'aire du caribou s'étendait bien plus au sud, les troupeaux de wapitis abondaient dans la forêt de feuillus, seul manquait le cerf de Virginie arrivé au Québec, en provenance du Sud, vers la fin du XIXe siècle.

Les activités différentes des chasseurs et des horticulteurs étaient complémentaires et sources d'échanges de farine contre de la viande et des peaux. Les communautés de chasseurs d'un bassin hydrographique se regroupaient l'été à son embouchure, en bandes de quelques dizaines ou de quelques centaines de personnes, pour la pêche et la chasse aux oiseaux migratoires. Ces retrouvailles donnaient lieu à des festivités, à des mariages, à la constitution de provisions. À l'approche de l'hiver, l'on se dispersait en petites unités d'une quinzaine de personnes dans les territoires de chasse, les femmes traquant le petit gibier, les hommes et leurs chiens, après avoir bien rêvé et, au son du tambour, être entrés en communication avec les maîtres des animaux pour obtenir leur générosité, poursuivaient l'orignal ou le caribou, piégeaient le castor, la loutre, voire le rusé carcajou, le couguar aujourd'hui disparu ou encore, au printemps, leur père l'ours. Toujours, il fallait respecter les tabous pour maintenir le cycle de la réincarnation des animaux qui s'étaient donnés au chasseur.

L'appartenance à de petits groupes incitait à l'intermariage sur de vastes territoires, tous étant reliés par l'échange d'objets, certains de provenance très éloignée : ainsi, par canots, toboggans et raquettes, le cuivre du lac Supérieur atteignait-il Tadoussac ou le quartz du Labrador circulait-il sur l'Outaouais.

Inuits *vs* Vikings

La rencontre des Inuits et des Vikings a été confirmée par plusieurs découvertes d'objets européens dans l'Arctique canadien. La trouvaille d'un pied de trébuchet est la preuve de troc entre les deux peuples, même si la plupart des écrits ne décrivent que de brèves et violentes rencontres. Il y avait aussi des échanges qui servaient à améliorer la qualité de vie de ces deux peuples. L'ingéniosité avec laquelle le peuple inuit a réussi à s'octroyer une vie confortable et abondante en cette période ne peut nous faire douter du contraire.

982

Le premier contact

INUIT

Pita Aatami
Président de Makivik corporation

Le désert blanc, la neige, l'immensité du territoire innus, et nous, les Inuits. Nous vivions dans des conditions très difficiles, mais nous ne le savions pas, car nous n'avions aucune idée qu'autre chose existait, qu'une vie différente était possible.

Pendant des années, nous avons donc parcouru notre monde, là où nous vivions, notre territoire. Nous le connaissions par cœur, nous les Annanack, les Weetaluktuk, les Tookalook, les Anahatak. Nous nous aidions les uns les autres à traverser les moments les plus difficiles et nous avons créé les bases du communautarisme : la pure peur de mourir et la survie dictaient nos actes. Nous devions vivre ensemble et partager, car notre vie même en dépendait.

Or, nos rapports humains se limitaient à ceux que nous avions avec notre famille et avec les membres de notre communauté. En ce sens, notre connaissance du monde était limitée à ce qui nous entourait, à ce qui vivait près de nous. Bien sûr, nos ancêtres nous protégeaient ; ils dansaient d'ailleurs parfois avec nous la nuit et prenaient alors la forme d'aurores boréales.

Quand le dernier arbre sera abattu, la dernière rivière empoisonnée, le dernier poisson capturé, alors seulement vous vous apercevrez que l'argent ne se mange pas.

Prophétie cri

Et puis un jour, les Aînés de la communauté nous ont raconté des histoires anciennes ; des histoires sur l'ailleurs, sur l'au-delà. Pour nous cet ailleurs, cet au-delà devait se situer à l'intérieur de notre territoire, à l'intérieur de nos schèmes de connaissance. Ces histoires s'imprégnaient en nous et nous faisaient voir notre monde différemment, elles ajoutaient à notre réalité d'Inuit.

Un matin d'automne, un matin rempli de brouillard et de froid qui parfois déchire les poumons, nous avons vu l'impossible, l'impensable. Sur l'eau, notre eau qui nous procurait à boire et à manger, se trouvait

un très grand kayak avec à son bord des humains qui ne nous ressemblaient pas. C'est ce matin-là que nous avons compris la notion de différence. Nous nous sommes approchés du grand kayak et nous y avons vu des hommes, des Inuits au sens premier, qui nous regardaient et qui établissaient avec nous des rapports qui nous étaient jusque-là inconnus.

On se souvient toujours de ce regard, du regard de celui qui sait, de celui qui est chez lui et qui juge. Nous avons compris instinctivement, à l'aube de ce matin d'automne, que plus rien ne serait pareil, que nous n'étions plus seuls. Aux autres maintenant d'analyser et de juger ce premier contact.

Corte-Real

Portugais de naissance, ce marin mit le pied par inadvertance près de Terre-Neuve, là il fit la capture d'environ soixante Autochtones, Béothuks ou Innus. Gaspar Corte-Real renvoya deux des navires au Portugal avec ces esclaves à vendre.

1500

L'enlèvement

Comment pouvait-on arracher des humains de leurs racines, de leur terre, de leur culture et de leur famille pour se les approprier et en faire des objets d'esclavage ? La colonisation a perturbé les civilisations de l'Île de la Tortue, aujourd'hui appelée l' « Amérique ». Les explorateurs, accueillis par les premiers habitants de l'Amérique, avaient comme mission de découvrir des terres, des richesses naturelles, de la main-d'œuvre et une route menant vers l'Asie, qui permettraient aux États de pourvoir à la dimension économique.

Présentons Gaspar Corte-Real, un explorateur portugais. Il entreprend une première expédition en 1500 et arrive à une terre sous un climat très rude de l'Arctique. Il ne peut y accéder pour des raisons météorologiques. Il nomme ce territoire « Terre verte » que l'on appelle aujourd'hui le Groenland. En 1501, il effectue une seconde expédition vers le nord-ouest et atteint les banquises du Labrador et de la Côte-Nord du fleuve Saint-Laurent, découvertes par Jean Chabot. Lors de son passage sur ces côtes, Gaspar Corte-Real capture environ soixante Innus qui sont ramenés en bateau en direction de l'Europe. Les Innus kidnappés sont vendus en tant qu'esclaves dès leur arrivée. L'esclavage fait d'une personne un objet de propriété qui peut être acheté, vendu ou loué pour des fins d'exploitation. Gaspar Corte-Real fait donc acte de présence sur ces territoires en se réservant le droit de s'approprier un peuple impuissant. Il les éloigne de leur patrimoine culturel et familial. Ensuite, il poursuit son chemin vers le sud et disparaît sans donner d'autres signes de vie.

INNUE

Doreen Picard
Étudiante en administration des affaires à l'Université du Québec à Chicoutimi

Le troc

La traite des fourrures avec les Européens fut la base du commencement d'une nouvelle ère pour les Premiers Peuples.

1500

La traite des fourrures

INNU

Alain Paul
Président, directeur général de Tabac ADL

Il est heureux que quelques résumés historiques sur la traite des fourrures offrent un éclairage nouveau sur cette période mal connue de notre histoire.

On a souvent perçu l'Amérindien comme jouant un rôle essentiellement passif dans ce troc systématique qui allait enrichir plusieurs marchands européens et modifier en profondeur la culture, donc l'histoire, des peuples autochtones. La vision historique traditionnelle charriait une image peu flatteuse des premiers habitants de l'Amérique du Nord. On les imaginait sur les rivages, attendant ces marins et coureurs des bois qui allaient leur apporter verroterie, ustensiles, hachettes, mousquets et eau-de-vie contre des peaux que les indigènes possédaient en abondance et dont ils ne savaient que faire. À l'opposé, de rares textes nous dépeignent, par exemple les Montagnais (Innus), comme des acteurs, des truchements, des intermédiaires entre les acheteurs européens et les tribus de l'intérieur des terres. Il s'agit là d'un rôle actif qui confère aux Premières Nations, donc aux Innus, des capacités de négociateurs et de gens d'affaires avisés. Ce passé expliquerait, jusqu'à un certain point, notre présent. On retrouve actuellement plusieurs Innus qui s'associent pour investir dans diverses activités économiques et y réussissent. Nous avons donc là une image positive qui pourra inspirer les générations actuelles et futures de nos communautés.

Ne permettons plus à quiconque de se donner le droit d'abîmer notre maison à tous, la maison de nos enfants et des enfants de nos enfants notre mère la terre.

Paroles amérindiennes

La suite des événements, dont les guerres et les menaces iroquoises, fera que les Algonquins seront appelés à remplacer les Innus dans ce rôle d'intermédiaires au 17e siècle. Les Montagnais en souffriront. S'étant consacrés à la surproduction des fourrures pour vente massive, ils avaient désappris à se suffire en forêt et étaient devenus dépendants des produits que les Européens utilisaient pour le troc. Les famines seront nombreuses.

Il y a là également une leçon à tirer. Les réalités économiques se modifient constamment au gré des circonstances ; les habiletés à prévoir et à s'adapter deviennent donc, dans ces temps de changement, les plus grandes richesses. Actuellement, nos peuples s'émancipent. Nous échapperons bientôt à la tutelle. Il nous faut dès maintenant prévoir, comprendre qu'il y aura nécessité d'adaptation. De nouveaux défis nous attendent. À nous de les relever, à nous de bien réfléchir, et ces textes rarissimes qui reflètent la réalité peuvent nourrir une partie de nos réflexions.

Les nouvelles maladies

La rencontre de l'Amérique et de l'Europe introduisit de nouvelles maladies aux effets dévastateurs en Amérique. La catastrophe n'eut pas de commune mesure dans l'histoire de l'humanité. Dans les Amériques, le dépeuplement au cours des deux siècles qui suivirent les premiers contacts a été catastrophique pour l'ensemble des Premières Nations.

1500

Les épidémies

Richard Kistabish (Cri-Algonquin)

Nous avions des « mantchouches » (des insectes) qui étaient partout, dans des endroits sales et malpropres. Nous savions comment procéder pour eux. Nos ancêtres se sont demandé comment les « Blancs » étaient arrivés ici ? Les nouvelles se sont rendues chez eux avec la notion que ces « Blancs » avaient débarqué dans de très grands canots dans lesquels ils étaient très nombreux.

Ils furent plusieurs jours sans débarquer ! Quelle horreur ! Manger ? Dormir ? Évacuer ? Et ils étaient sales ! Ils devaient sentir très mauvais, sans se laver ainsi, pendant des jours ! Nous les avons reçus et avons pris soin d'eux. Or, ils avaient des « mantchouches », très méchants de surcroît. Pas tuables ! Aucune plante, aucune fleur et aucun animal ne parvenait à les arrêter ! Leurs « mantchouches » avaient leur esprit. Nos esprits à nous étaient incapables de communiquer avec eux. Ils étaient impitoyables. Ils ont envahi nos territoires, nos corps et nos esprits. Ils ont touché à tout. Nos familles sont mortes très vite et en grand nombre. Pas le temps pour des cérémonies en mémoire de nos gens. Pas le temps de se retrouver. Et surtout pas de place pour se regrouper. Pas de place pour se refaire une santé et une nouvelle vie. Il faut disparaître pour survivre. Il faut devenir invisibles !

Esclave en son pays

Aussi incroyable que cela puisse paraître, l'esclavagisme fut nettement présent au Québec. Entre trois et quatre mille Amérindiens habitant la province furent dénombrés, notamment par Marcel Trudel, un des grands historiens du Québec.

1500

Esclavagistes de la Nouvelle-France

ATIKAMEKWS

Yvette Chachai
Directrice à la santé

Étonnant d'apprendre que les Amérindiens ont été aussi esclaves. Mais peut-on le dire vraiment ainsi puisqu'ils étaient traités différemment. De plus, la façon dont les autres Amérindiens traitaient leurs pairs, en les vendant une fois capturés, nous démontre que le « troc » était bien ancré à cette période. Ce n'est pas seulement lors d'échanges de fourrure que ce genre de commercialisation a pris naissance.

Peu importe l'origine de l'Amérindien esclave, tout Autochtone qui lit le texte se trouve encore une fois aux prises avec une sédentarisation obligée. Comme le premier pensionnaire qui s'est vu obligé de quitter sa famille et d'inculquer un mode de vie outre que le sien. Qui étaient les responsables de ces enfants ? Des membres de l'Église comme ceux du XVIIIe siècle qui avaient le privilège de posséder des esclaves.

À ce moment-là, il n'est pas mentionné si l'esclave amérindien ne devait assouvir les instincts sexuels de son maître comme c'est le cas chez l'esclave noir. Était-ce le fait que le sujet était encore tabou ?

On peut dire que le Noir esclave était vraiment à la merci de son maître alors que l'Amérindien esclave avait certains privilèges, de là l'origine de création de loi afin de les protéger de la SUResclavation. La question à se poser est : « Pourquoi les hauts dirigeants ont eu à voter cette loi ? »

Le sol sur lequel nous nous tenons est un sol sacré. Il est le sang de nos ancêtres.

Chef Plenty Coups, Crow

Ces deux nations étaient déjà victimes de discrimination et le sont toujours actuellement.

Ils ont été infériorisés et l'Amérindien l'a encore été plus par la création des pensionnats.

Le maître s'est donné le titre de supérieur et y a même été encouragé par l'État avec la création de lois.

Enfin, la question à se poser est : « La différence (sous toutes ses formes) entre ces cultures que l'on connaît aujourd'hui origine-t-elle de là ? »

Hommage à Membertou

Membertou, chef et shaman influent, était doté d'une grande sagesse. À la fois charismatique, imposant et très respecté, ce savant homme était herboriste. En plus, il s'exprimait d'une façon exceptionnelle. C'est ce vieillard à barbiche, fait extrêmement rare chez les Autochtones, qui scella pour un siècle et demi les amitiés franco-micmaques.

1534

Membertou, le savant

MI'GMAQ

Roberta Barnaby

Même s'ils sont établis ici depuis plusieurs centaines d'années, les Canadiens ne doivent pas oublier les diverses contributions des Premières Nations et quelle expérience fut leur rencontre avec les Français. En effet, sans le soutien des « Indiens », il aurait été presque impossible pour les Français de fonder la Nouvelle-France.

Les Mi'gmaq font partie de ces Premières Nations qui ont aidé les Français à s'installer et survivre. Leurs relations, d'abord commerciales, ont évolué vers une alliance religieuse, sociale et politique. Le chef Henri Membertou a grandement influencé l'évolution de cette alliance.

En 1605, à la fondation de Port-Royal, le chef Membertou et son peuple ont offert leur hospitalité aux Français. La relation commerciale avec le chef garantissait son alliance contre l'expansion anglaise en territoire Mi'gmaq.

Nous n'héritons pas de la Terre de nos parents, nous l'empruntons de nos enfants.

Les Français furent capables de survivre aux mois d'hiver à Port- Royal grâce au savoir et aux habiletés que le chef Membertou leur transmettait. Grâce à lui, les Français s'en sont mieux sortis à Port-Royal qu'aux îles Sainte-Croix en 1604. De ce fait, c'est grâce à la loyauté de Membertou que Port-Royal est demeuré intact d'octobre 1607 au printemps 1610, période durant laquelle personne n'y habitait.

Le chef Membertou s'est gagné l'estime des colons français. Marc Lescarbot a signalé sa bravoure en racontant l'attaque du chef contre les Armouchiquois, pour venger la mort de Panounias, un autre chef mi'gmaq. Le père Biard décrit Membertou comme : « Le Sauvage le plus grand, le plus renommé et le plus redoutable, de mémoire d'homme. Doté d'un physique splendide, de larges épaules et de taille plus haute que la plupart des siens, il était barbu comme un Français, alors que tous les autres étaient imberbes, sans le moindre poil au menton. Sérieux et réservé, il dégageait toute la dignité que lui inspirait sa position de chef. »

En juin 1610, le père Fleshé baptisa le chef Membertou et sa famille. Il nomma le chef « Henri », en hommage au roi de France. Les Mi'gmaq n'avaient pas la même vision du baptême que les prêtres. Pour les Mi'gmaq, le but de cette cérémonie était d'unir les deux groupes. Membertou envisageait que son baptême cimenterait les liens entre les deux nations.

En témoignage de sa loyauté, il renonça à son rôle de shaman et aida les prêtres à apprendre la langue Mi'gmaq.

En août 1611, Membertou subit une attaque de dysenterie. Les pères Massé et Biard le soignèrent. Le 16 septembre 1611, Membertou exprima le désir d'être enterré parmi ses ancêtres. Le père Biard s'y opposa farouchement. Il tenta d'argumenter avec le chef mourant afin de le faire changer d'idée et y réussit. Sur son lit de mort, Membertou accepta d'être enterré dans le cimetière consacré. Son profond désir de maintenir l'unité entre son peuple et les Français a dominé son propre vœu de reposer parmi ses ancêtres.

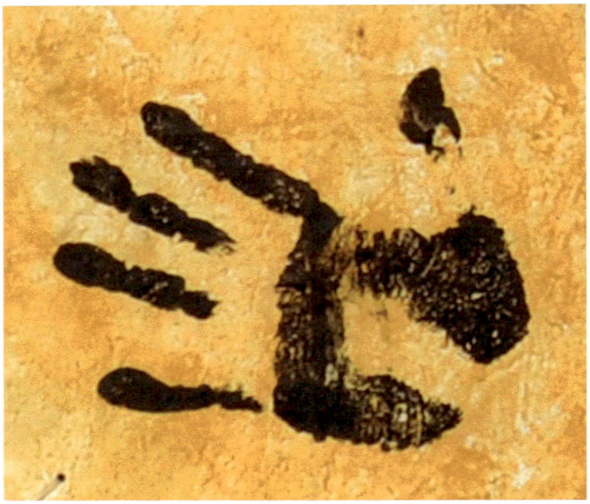

Le sacrifice personnel de Membertou se révèle à la fois tragique et héroïque. Durant ses derniers moments, il s'est consacré à maintenir des relations harmonieuses avec les Français, à l'époque et pour les nombreuses générations à venir.

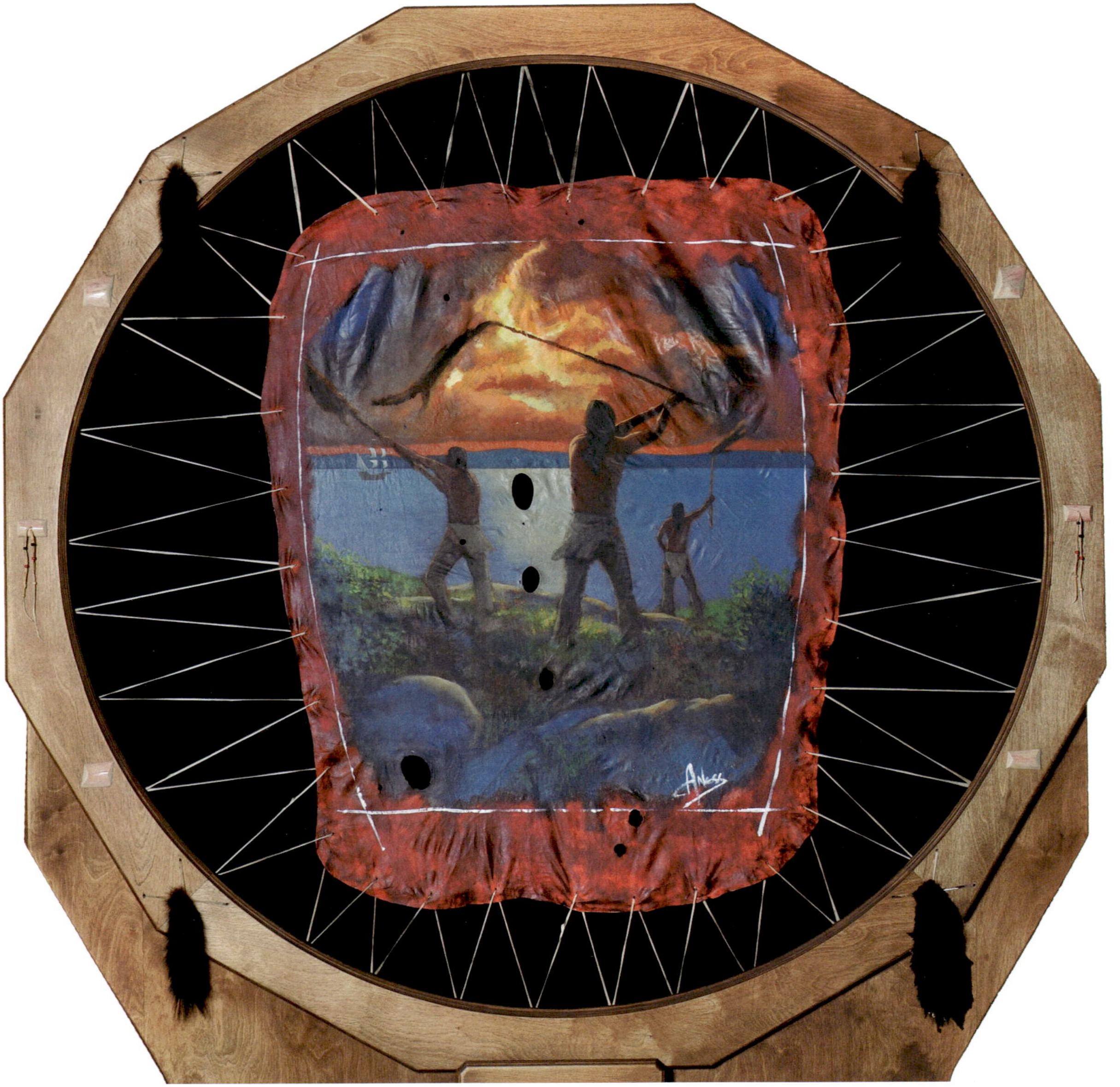

Séduction nordique

En 1534, sur le passage des bateaux, les Autochtones couraient le long des rives afin d'affrioler les marins étrangers. Ils présentaient des peaux d'animaux suspendues au bout de longues branches d'épinettes noires et balançaient les tiges afin de faire accoster les bateaux pour faire du troc. Par cette historiette tirée d'un récit de Jacques Cartier, nous avons encore a preuve irréfutable que les Innus, les Béothuks et les Ilnuks pratiquaient le troc depuis des années déjà, ce qui vient contredire le manuel d'histoire instauré dans les écoles, précisant que Jacques Cartier avait découvert l'Amérique. Précisons : l'Amérique fut visitée et colonisée, non pas découverte.

1534

La grande séduction

Rémi Kurtness

Les Ilnuatsh, dits Montagnais, parce que selon les Étrangers, ils habitaient les montagnes, étaient à la recherche de couteaux, de haches, de marteaux, en fait d'outils de métal qu'ils avaient troqués avec des commerçants venus d'Europe. En sus des outils de métal, les Ilnuatsh étaient en quête de tissu servant à compléter les habits de cuir et de fourrure.

Habitués et habilités à échanger avec les Étrangers, les Chefs ilnuatsh savaient déjà que pour faciliter leurs tâches quotidiennes, les outils de métal représentaient beaucoup plus que les outils fabriqués de pierre. Mieux, ils pouvaient même assurer leur survie. Les Étrangers, eux, étaient davantage à la recherche d'or et d'argent, mais s'intéressaient à la fourrure. En vertu des qualités exigées par leurs clans et leurs familles, les Chefs étaient reconnus comme les plus habiles à chasser, à assurer la survie des leurs, à parler et à troquer avec les commerçants venus d'Europe. La fourrure représentait donc la valeur d'échange contre les outils de métal et le tissu. Les Chefs étaient les représentants désignés pour le troc.

Les Chefs ilnuatsh étaient également mandatés pour rencontrer les Chefs des autres Nations, particulièrement lors des rencontres d'été, afin de convenir des alliances stratégiques et de protéger leurs territoires de chasse. Intelligents et charismatiques, ils étaient donc doués pour séduire les Étrangers. De là, la séduction « nécessaire » plutôt que la « grande » séduction.

Hommage à Donnacona

Créateur du grand « Sagana », ce fameux personnage fut aussi oublié. Sa vie fut trépidante et remplie de surprises presque loufoques. Il fit la rencontre de Jacques Cartier, ce qui changea son destin et celui de son peuple pour toujours.

1534

Donnacona, Chef de Stadaconé et ambassadeur du Sagana

MOHAWK

Fabien Lamothe
Mohawk de Kanesatake

Donnacona était le Chef iroquois de Stadaconé, un village situé sur le site de la ville qui s'appelle aujourd'hui Québec. En 1534, il a 55 ans, doté d'une belle prestance et reconnu comme un bon voyageur, un diplomate et un guerrier. Lorsqu'il aperçut le navire de Jacques Cartier dans la baie des Chaleurs, il était angoissé, mais surtout impatient d'embarquer sur le bateau. Le chef voulait faire des échanges de marchandises avec les gens à la peau blanche et ainsi tenter d'obtenir l'exclusivité du commerce des produits faits de métal.

Le territoire de Donnacona s'appelait le Kanata, ce qui veut dire village de cabanes. Le Kanata s'étend de l'île aux Coudres jusqu'à Sainte-Anne-de-la-Pérade. Stadaconé est un village de 500 personnes qui cultivent entre autres le blé d'Inde, la citrouille, la courge et les fèves. Il s'agit d'une société matriarcale où les femmes ont un rôle important au niveau de la politique et de l'agriculture.

Tu ne peux pas réveiller une personne qui fait semblant de dormir.

Proverbe navajo

À cette époque, le Chef de Stadaconé avait déjà entendu des histoires sur les étrangers qui voyageaient en bateau à grosses voiles et étaient habillés de tissus colorés. Ces hommes portaient une barbe noire et avaient la peau blanche. Depuis au moins l'an 1500, plusieurs pêcheurs européens étaient présents dans le golfe du Saint-Laurent et Donnacona a sûrement entendu l'histoire de Gaspar Corte-Real, le navigateur portugais qui a kidnappé soixante Montagnais sur la Côte-Nord du fleuve Saint-Laurent. Or, en 1534, pendant un voyage de pêche dans la baie des Chaleurs, avec deux cents compatriotes iroquois, il voit pour la première fois un bateau.

Vêtu d'une peau d'ours noire et ayant fière allure, Donnacona veut établir le contact avec l'équipage de Jacques Cartier afin de faire du commerce pour les produits de métal :

couteaux, haches, marmites, etc. Méfiant, Jacques Cartier commence son séjour en érigeant une croix et en prononçant un hommage au roi de France. Cette cérémonie n'a pas plu à Donnacona. Celui-ci percevait ce geste comme un manque de respect de la part des nouveaux venus. La méfiance s'est alors installée des deux côtés, pour finalement culminer par le kidnapping des deux fils de Donnacona, âgés respectivement de 17 et 18 ans.

Donnacona a été stupéfait de ce geste de Cartier. Néanmoins, il souhaitait son retour afin de réaliser son ambitieux projet d'avoir l'exclusivité du commerce avec Jacques Cartier pour tout le territoire Nord-Est. À l'été de 1535, Jacques Cartier revient en Amérique du Nord et ramène les fils de Donnacona qui parlent maintenant le français. Ce sont eux qui guident le bateau de Cartier jusqu'au village de Stadaconé. Les jeunes fils font rapport à leur père de leur expérience en France. Ils pensent que les Français sont cupides, mais qu'ils ont beaucoup de produits à offrir. Les négociations entre Donnacona et Cartier sont infructueuses et tous deux jouent un jeu d'intimidation : Cartier montre ses canons et Donnacona envoie ses sorciers pour jeter des mauvais sorts aux visiteurs français. Finalement, Cartier part vers Hochelaga, la ville que l'on nomme aujourd'hui Montréal, malgré les tentatives de Donnacona pour l'empêcher de partir.

Cartier revient à Stadaconé vers la fin de l'été de 1535 afin d'y passer l'hiver. Donnacona le boude à son arrivée et Jacques Cartier perçoit les Iroquois comme des ennemis. La méfiance est tellement grande de la part des Français qu'ils refusent même leur remède à base d'écorce pour guérir le scorbut, qu'ils ont dû prendre malgré tout pour éviter une mort certaine. À la suite des réunions que Donnacona et Cartier ont eues durant l'hiver 1536, le Chef de Stadaconé a compris que Cartier voulait l'or et l'argent. À partir de ce moment, il semblerait qu'il ait créé l'histoire d'une 7e cité d'Or au nord de l'Amérique : Sagana.

À l'été 1536, les histoires de Donnacona sur la cité de Sagana ont poussé Cartier à le prendre en otage avec ses deux fils et sept autres Iroquois et ainsi les amener au roi François 1er. Ils débarquent donc en France et Donnacona est présenté comme le roi du Kanata. Les réflexions de Donnacona sur la France sont plutôt méprisantes : un lieu où les gens sont excités, despotes et ne s'occupent pas des nombreux pauvres. Il se retrouve à la cour royale où il devient un familier de François 1er. Quand on le sollicite, il répète toujours la même histoire fabuleuse de Sagana. Son but est de revenir à Stadaconé avec l'exclusivité du commerce avec la France.

Les histoires de Donnacona tombent dans l'oreille du grand roi d'Espagne Charles Quint, par un familier de la cour royale française, agent double au profit de l'Espagne. C'est l'époque où les dirigeants de l'Europe étaient très intéressés par les histoires de l'Eldorado, en Amérique du Sud, et de Cibola, la 7e cité d'Or au nord du Mexique. Sur la foi du récit sur la cité de Sagana, l'Espagne lance une opération de conquistadors en Amérique du Nord dans les régions du Grand Canyon et du Texas. L'opération s'est soldée par l'assassinat de l'ensemble des conquistadors.

En 1539, Donnacona, ses deux fils et les sept autres compatriotes iroquois sont toujours en Europe et souhaitent grandement revenir à Stadaconé. À l'exception d'une petite fille, ils meurent tous de maladie en 1539. Donnacona ne reviendra jamais à sa terre natale. Ses compatriotes et lui auraient été enterrés de façon indigne, sous le pavé de la rue des Andouilles, à Paris. Une fin triste pour l'ambassadeur du Sagana, responsable d'un grand mouvement européen vers l'Amérique du Nord.

Chercheur de trésors

Jacques Cartier, ce personnage assidu dans la recherche de chimères de l'époque, rencontra, à son grand désarroi, les Amérindiens et leur territoire, une rencontre qu'il baptisa par la suite : « Découverte des Amériques ».

1534

Jacques Cartier

Eva Ottawa
Grand Chef des Atikamekws

Comment me souvenir des histoires que j'ai apprises dans une école fédérale ? On nous a enseigné que Jacques Cartier était un héros par ses exploits, l'homme qui a découvert le Canada. Pour ma part, je me suis toujours demandé pourquoi on écrivait que Jacques Cartier avait découvert le Canada alors que nous habitions sur ce continent depuis déjà fort longtemps.

Cette Terre-Mère qui nous est si chère, nous, les Premières Nations, même dans notre propre philosophie, il nous est difficile de dire que cette terre est à nous. Nous affirmons plutôt que nous lui appartenons. Décidément, Jacques Cartier a inévitablement modifié l'évolution et le courant de l'histoire des Premières Nations du Canada. Plus on s'attarde sur le personnage, plus on le découvre : sa mission, son courage, ses ambitions, ses exploits, ses peurs, ses craintes et, malheureusement, ses enlèvements et séquestrations, dont les deux fils de Donnacona et Donnacona lui-même.

Chaque animal en sait davantage que toi.

Nez-Percé

De nos jours, ces actes sont considérés comme criminels et condamnés à travers le monde. Ils ont baptisé les Indiens : les Sauvages ! Ils ont dit et écrit que nous n'étions pas civilisés comme ceux de leurs sociétés. Pourtant jadis, ces mêmes « Sauvages » ont accepté, hébergé, nourri, soigné et peut-être même sauvé Jacques Cartier ainsi que ses pairs, et ce, sans rien demander. J'ai l'intime conviction que nous méritons une meilleure considération.

Monsieur Jacques Cartier, grand explorateur, vous êtes venu, vous avez touché la terre de l'Amérique. Nous vous avons donné la main. Vous avez tout pris et cela continue. Nous avions et avons toujours notre propre forme de gouvernement – un gouvernement responsable ! – avec ses valeurs de respect envers autrui et le souci de pérennité pour ses ressources.

Un hiver marquant

Durant le premier hiver, les Européens, malgré leur méfiance, ont dû faire confiance aux Autochtones et à leur médecine traditionnelle afin de survivre. Donnacona et les siens, fondamentalement axés sur l'entraide, ont sauvé la vie de Jacques Cartier et de plusieurs de ses hommes pour ainsi changer la face de l'histoire.

1534

Premier hiver au Pays du Canada

MALÉCITE

Odette Rioux
Responsable Culture
Conseil de bande des Malécites

Donnacona et Cartier sont souvent à couteaux tirés. Donnacona veut l'exclusivité du commerce et Cartier ne veut pas d'ordre. Ainsi, pour le démontrer, il sort ses canons, tire dans les arbres et déclenche une détonation qui impressionne et apeure les Iroquois.

Le lendemain, Donnacona veut montrer qu'il a de la puissance, il envoie donc ses sorciers, qui lors de séances de sorcellerie tentent de faire peur à Cartier. Ils lui disent que le fleuve est rempli de démons qui vont le manger et que des malheurs vont s'abattre sur lui.

Ni l'un ni l'autre ne s'écoute, les deux hommes boudent et finalement, Cartier décide de remonter le fleuve pour se rendre au pays d'Hochelaga. L'hiver de l'Amérique du Nord se fait déjà sentir, rigoureux et terrible. D'ailleurs, cet hiver-là surprend les Français. Ils se rendent compte qu'il est déjà trop tard pour repartir, car le fleuve gèle et emprisonne les navires. Jacques Cartier et ses hommes hiverneront à Stadaconé. Cartier a une peur bleue des Indiens. Durant ce dur hiver, lui et ses compagnons vivent dans les bateaux, se tiennent aux alentours et tombent malades. Plusieurs en meurent. C'est la misère noire !

Cartier a tellement peur des Iroquois qu'il va perdre du temps, et plusieurs de ses hommes, avant de réaliser que les Amérindiens s'en tirent en utilisant un remède qui s'appelle l'aneda, une préparation faite avec l'écorce d'un arbre, le thuya. Ce remède guérit rapidement le scorbut. Cartier n'accepte rien des Indiens, il a peur de se faire empoisonner. Il dit qu'ils sont ses ennemis et a toujours peur de se faire tirer par eux. Finalement, après bien des misères et la perte d'une bonne partie de son équipage, il accepte le remède.

> *Nous sommes en partie le feu, en partie le rêve.*
>
> Firedog (*Chien de feu*), Cheyenne

Malgré ce terrible hiver, il y a eu plusieurs réunions où Donnacona et Cartier se rencontrent pour discuter affaires. Pour séduire davantage les Français, Donnacona leur parle de ce fameux pays, le Sagana, où il y a de l'or partout. Donnacona en parle avec tellement de passion que Cartier est convaincu d'être sur une piste majestueuse !

Son idée sournoise est faite, Cartier prépare un bon coup à Donnacona, ce dernier a parfaitement raison de se méfier. Pas assez ! Cartier invite Donnacona à une réunion. Le Chef s'y rend, mais se fait prendre au piège, kidnapper et embarquer à bord du navire avec ses deux fils, Taignoagny et Domagaya – pour qui c'est le deuxième enlèvement – ainsi que sept autres Iroquois, dont des enfants. Ils s'en vont en France.

Cartier veut que Donnacona parle à la cour de ce pays où il y a de l'or partout pour que le roi de France continue de financer les voyages et qu'il trouve enfin ce fabuleux pays qu'est le Sagana.

Hommage à la nation Béothuk

Peuple de nomades, pêcheurs et cueilleurs, les Béothuks ont vu leur nation déracinée et conduite à l'extermination lente et totale qui s'étala du XVIe jusqu'au début du XVIIIe siècle. Cette toile rend hommage à cette nation, membre de la famille algonquine, décimée par les maladies et les tueries.

1600

Les Béothuks, l'extermination

Jacqueline O'Bomsawin
Directrice du Musée des Abénaquis

Un ensemble complexe de facteurs conduisirent les Béothuks de Terre-Neuve à leur extinction. Les Béothuks étaient un peuple côtier, vivant de la pêche et de la chasse aux phoques et autres mammifères marins, saumons et oiseaux. L'automne et l'hiver, ils se déplaçaient à l'intérieur des terres afin de chasser le caribou et le castor. La colonisation par les Anglais et les Français progressant rapidement, les Béothuks se sont vu interdire l'accès aux ressources de la mer par les Anglais et ils ont été forcés de s'introduire à l'intérieur des terres, où les trappeurs français les concurrençaient pour le gibier qui se faisait plus rare. N'ayant accès qu'à une infime partie du territoire intérieur, ils ont été contraints de subsister avec ces maigres ressources et ont commencé à connaître la famine.

Les confrontations entre Européens et Micmacs de la région de l'Atlantique font chuter leur nombre. Les Béothuks étaient chassés comme du bétail, abattus à vue par les trappeurs français et les Micmacs, ennemis traditionnels des Béothuks. De plus, il semblerait que la politique française de primes ait été longtemps tenue pour une des causes principales de leur disparition. Dès lors, les Béothuks n'étaient en sécurité nulle part.

En 1792, le magistrat John Bland enquête sur plusieurs meurtres autour de Twillingate, où l'on rapporte que les Béothuks « sont abattus comme des cerfs ».

De plus, forcés de se replier à l'intérieur des terres et de se protéger contre leurs prédateurs, ils perdent le contact avec d'autres groupes et deviennent de plus en plus isolés. Mais ce manque de contact n'a pas empêché les Béothuks de contracter des maladies contre lesquelles ils n'avaient aucun moyen de défense immunitaire, ce qui contribue à les décimer rapidement.

La dernière représentante connue des Béothuks, Shanawdithit, a été capturée en 1824 afin d'être la porte-parole de cette nation. Sans avoir réussi à transmettre toute l'histoire des Béothuks, elle s'éteint en 1829, à l'âge approximatif de 23 ans.

Hommage à Tessouat

Fier guerrier, le 4e de plusieurs générations de Tessouat, il était aussi surnommé Le Borgne de L'Île. Toute personne traversant la rivière devait contribuer au maintien du territoire pour les générations à venir. Toute sa vie durant, il défendit ses convictions et son peuple avec fierté et détermination. Un grand personnage de notre histoire…

1603

Tessouat
Ogima des Kitcisipirinnis

ALGONQUIN

James (Jimmy) Papatie
Chef de Kitcisakik 1997-2005

Ogima (Chef) Tessouat était un Anicinape qui habitait à Ickote-Minitik (île aux Allumettes). Homme politique, il fut un acteur de premier plan dans l'histoire de la naissance et de l'établissement de la Nouvelle-France. Avec son peuple, il occupera une position stratégique et géographique, pour contrôler le trafic maritime et l'accès au territoire situé le long de la rivière des Outaouais. Diplomate et fin stratège militaire, il savait comment faire des alliances avec d'autres peuples pour faire avancer les intérêts socio-économiques du sien.

Fort de cette position stratégique, il perçoit un droit de passage pour chaque canot qui traversera le territoire des Kitcisipirinnis, situé entre le lac des Deux Montagnes et Pembroke. Avec ses alliés, il aura joué un rôle déterminant dans le commerce de la fourrure et des biens.

> *Tout sur la Terre a une raison d'être, chaque maladie, une herbe pour la guérir, et chaque personne, une mission. C'est la théorie amérindienne de l'existence.*
>
> Mourning Dove (*Colombe en deuil*), Salish, 1888-1936

Compte tenu de ses origines culturelles et de ses convictions spirituelles, il est considéré comme un païen, un anti-chrétien, un anti-conformiste aux valeurs chrétiennes et jésuites des nouveaux arrivants, qui s'installeront au pays des Anicinapek, qu'ils appelleront la Nouvelle-France.

En 1642, lors de la fondation de Montréal, il saisit l'occasion de s'y installer, se fait baptiser et devient chrétien. Avec ses alliés anicinapes, il aura assuré la protection et la sécurité des habitants de l'île de Montréal. Lors du traité de Trois-Rivières, le gouverneur Montmagny abandonne Tessouat, les Kitcisipirinnik et les Montréalais aux mains des Nottawek (Iroquois).

Le 9 mars 1654, à Necin Sipi (Trois-Rivières), à la suite d'une longue maladie, Tessouat fera le voyage ultime, celui qui mène vers le monde des Esprits.

Hommage à Anadabijou

Chef innu très respecté, il fit la rencontre, en 1603, de François Dupont-Gravé accompagné de son cartographe Samuel de Champlain et de deux Innus qui avaient séjourné en France pendant quelques années. Ils apportaient un message du roi de France Henri IV, message qui fut à l'origine de l'alliance franco-amérindienne, une union qui dura près de 150 ans.

Anadabijou : pensées de 1603

INNU

Gilbert Dominique
Chef du conseil de bande de Mashteuiatsh

Leader incontesté des Innus, Anadabijou se réjouit de préparer une grande fête pour célébrer avec les nations amies, Etchemins et Algonquins, la victoire récente sur leurs ennemis communs, les Iroquois. C'est le début de l'été et plus de mille personnes des trois nations sont rassemblées près de l'embouchure du Saguenay. La cuisson de la viande d'orignal et de castor embaume l'air et on sent l'esprit de la fête envahir tout un chacun dans le campement. Danse, festin et évidemment une bonne pipée de tabac sont des éléments incontournables de toute festivité qui se respecte.

Si tu perds ton calme,
tu perds un ami ;
si tu mens, c'est toi
que tu perds.

Paroles Hopi

Au milieu de toute cette joie, deux jeunes Innus arrivent de l'autre côté du Saguenay, où des Français ont ancré leurs bateaux dans la baie de Tadoussac. Ces jeunes Innus ont passé plusieurs années au pays d'origine de ces Français de l'autre côté des Grandes eaux. Ils racontent les merveilles qu'ils y ont vues : châteaux, draperies, étoffes, villes en pierres, outils, en somme, plein de choses inconnues en contrée innue. Ils sont porteurs également d'un message du roi de France, lequel sollicite la permission d'installer des gens et d'y faire commerce.

Anadabijou prend le temps de réfléchir à tout ce qui lui a été dit. En lui-même, il pense : « Si tout ce que m'ont raconté ces jeunes est vrai, et je les crois, il serait certainement profitable pour les Innus d'avoir ce peuple en amitié et de pouvoir ainsi bénéficier de leurs connaissances et habiletés. De plus, ils pourraient nous aider dans nos luttes contre les Iroquois, avec toutes leurs armes. » C'est ainsi qu'il demande aux jeunes Innus de transmettre aux Français qu'il était prêt à permettre qu'on peuplât la contrée, mais qu'il devait y avoir non seulement amitié et commerce, mais aussi de l'entraide sur le plan militaire.

François Dupont-Gravé, Champlain et les autres Français accueillirent certainement avec joie le message d'Anadabijou, car ils se joignirent aux Innus, Etchemins et Algonquins pour festoyer et faire « tabagie » selon l'expression du temps. Sans en avoir véritablement conscience, ces Français venaient de s'allier les trois nations amérindiennes qui contrôlaient le bassin hydrologique du fleuve Saint-Laurent. Cette alliance a ouvert la porte à toute la colonisation de ce qu'on allait appeler la Nouvelle-France.

Installation des visiteurs

Sur leur territoire ancestral, les Autochtones assistent au début des travaux d'installation européenne. Voici un territoire achalandé, utilisé par les Autochtones pour pratiquer la pêche à l'anguille et pour les rassemblements estivaux. Kepeuk est dorénavant colonisé.

1608

Fondation de Québec

Pour les ancêtres des Naskapis d'aujourd'hui, la fondation de Québec a eu lieu en 1831, lorsque la Compagnie de la Baie d'Hudson a établi un poste pour la traite à Old Fort Chimo, de l'autre côté de la rivière Koksoak, en face du village contemporain de Kuujjuaq.

Le but de la Compagnie de la Baie d'Hudson était d'avoir accès aux fourrures des martres qui peuplaient l'intérieur boisé des terres, au sud de Fort Chimo.

Le piégeage de martres était incompatible avec la survie des Naskapis, puisque la distribution de martres en hiver était en grande partie différente de celle des sources de nourriture essentielles à cette saison. Par conséquent, les Naskapis ne se sont pas avérés être les piégeurs réguliers et assidus que les troqueurs avaient dû espérer trouver.

Pour sa part, la Compagnie de la Baie d'Hudson était souvent incapable de fournir les marchandises de traite promises à Old Fort Chimo.

Par conséquent, un représentant senior de la Compagnie de la Baie d'Hudson a conjecturé que les Naskapis avaient dû commencer à considérer la Compagnie de la Baie d'Hudson et, par extension, tous les Européens comme étant « une bande de sots venus ici pour les décevoir ».

On peut soutenir que cette attitude continue à influencer la relation entre certains Naskapis et la société euro-canadienne à ce jour.

NASKAPI

Philip Einish
Chef du conseil de bande des Naskapis

Des alliances, des échanges

En 1609, le Chef algonquin Iroquet et le Chef huron Outchetaguin rendirent visite aux Français à l'habitation de Québec pour sceller une alliance. Après une première victoire, ils échangèrent deux hommes, dont Étienne Brulé, qui ira vivre chez les Algonquins, et le Huron Savignon, chez les Français, afin d'apprendre le langage de chacun et ainsi mieux se comprendre.

1609

Opération charme

ABÉNAQUISE

Sylvie Bernard
Artiste multidisciplinaire

Iroquet, Outchetaguin et moi, nous nous amusâmes comme des fous au party qu'un dénommé Samuel de Champlain organisa en notre honneur : danses folles, somptueux repas et trocs de castors contre mousquets, durant sept jours.

Sous l'effet du bonheur, les deux Chefs et moi nous amourachâmes de notre hôte qui jubilait de nous avoir littéralement conquis et nous avoir au front pour sa première expédition militaire qui impliquait, après tout, nos ennemis communs : la bande d'Iroquois. Plusieurs Français et Innus s'ajoutèrent au raid et nous partîmes le chant dans les voiles pour « La porte du pays », près de Ticondéroga.

Avec nos nouveaux « gadgets », nous eûmes vite fait de voir nos adversaires courir comme des lièvres. Dix prisonniers furent pris captifs tandis que trois chefs et une cinquantaine d'hommes tombèrent comme des mouches.

Un an plus tard, les mêmes deux cents joyeux lurons se réunissaient pour une loge de sudation de trois jours, un forfait incluant : massage typiquement abénakis, calumet concert, deux rituels au choix et de la tisane d'épinette blanche à volonté. Samuel demanda d'être purifié deux fois plutôt qu'une. On l'aida à se relever en l'acclamant de nouveau à la tête d'une deuxième incursion. Cette fois-ci, à la rivière des Iroquois, nous en envoyâmes cent dans l'autre monde. Après cette victoire, Sam se mit à chanter comme jamais nous ne l'avions entendu auparavant. Grand et fort, il dansa jusqu'à épuisement.

Se pourrait-il que la route vers la technologie soit en fait une course à la destruction, et que la route vers la spiritualité soit en fait le chemin plus lent que le peuple autochtone traditionnel a parcouru et dont il est encore à la recherche ? La terre de ce sentier n'est pas brûlée. L'herbe y pousse encore.

William Commanda, Mamiwinini, Canada, 1991, *L'arbre sacré*

Après de nombreux jours tout en musique, un pacte historique d'une valeur sentimentale fut scellé entre nous, et nommé à la blague « Opération charme ». Elle entendait qu'un Français, en l'occurrence notre complice de toujours, le bon vivant Étienne Brûlé, vivrait avec nous, tandis que notre frère huron Savignon irait vivre chez Louis XIII « Le Juste » afin que chacun ait un interprète capable de charmer l'autre dans sa langue.

Cinq hivers passèrent avant de revoir Sam, et c'est ainsi que de 1615 à 1616, après de longues embrassades, chaque jour se leva pour lui en Huronie. Nous nous préparâmes alors à lui orchestrer sa troisième opération militaire, cette fois près des rives du Gros Lac.

Installés sur un fort, on y construisit un « cavalier », une sorte de tour surélevée, censée accroître notre champ de tir — et c'est vrai qu'après coup, on n'y comptait plus les morts.

Je me souviens aussi que pour marquer ces jours heureux, nous avions délégué un de nos chefs les plus chers à nos yeux, Atironta, afin d'escorter « l'grand » pour le rassurer durant son voyage de retour ainsi que pour sa visite officielle à Québec.

Aujourd'hui avec le recul, force m'est de constater, pour le bien de mes petits-enfants, qu'il vaut encore mieux chanter que charmer !

Métissage

En Nouvelle-France, l'immigration est individuelle plutôt que communautaire et surtout masculine. Au cours des années 1660-1680, il y avait, à l'âge du mariage, sept hommes pour une femme. Ils avaient donc le choix soit de retourner en France, ce que firent la moitié d'entre eux, ou de marier des Amérindiennes, solution que retint l'autre moitié. Ils devinrent donc des engagés des compagnies de traite des fourrures ou des coureurs des bois.

1610

Les débuts du métissage en Nouvelle-France

MÉTISSE OJIBWAY

Michèle Rouleau
Productrice et animatrice

C'est vers la fin du XVIIe siècle que commence le métissage en ce territoire qui fut nommé « Nouvelle-France » par les premiers arrivants.

Les débuts du métissage sont dus surtout à l'établissement des colons français.

Les nouveaux arrivants français étaient beaucoup moins nombreux que les Anglais. L'arrivée massive de ces derniers sur les rives de l'Atlantique, là où l'occupation amérindienne était dense, a donné lieu à des conflits et à des guerres d'expropriation. Du côté des colons français, la tendance était davantage à l'intégration. Dans la vallée du Saint-Laurent, où l'occupation amérindienne était moins dense, les colons français étaient plutôt enclins à s'installer à proximité des Autochtones et à cohabiter. De ce fait, ces nouveaux arrivants agriculteurs développaient un rapport d'interdépendance et de complémentarité avec les Autochtones nomades.

Un autre élément distingue l'immigration française : elle se faisait sur une base individuelle et surtout masculine. L'immigration anglaise, quant à elle, se développait davantage sur une base communautaire : des groupes, voire des villages entiers, immigraient. Donc, ces nouveaux arrivants trouvaient maris ou femmes à l'intérieur de leur groupe ; ce n'était pas le cas chez les colons français, où les hommes étaient beaucoup plus nombreux que les femmes.

On relate qu'au cours des années 1660-1680, il y avait sept hommes pour une femme. À cette époque, la moitié des hommes qui n'avaient pas trouvé à se marier avec une « Blanche » sont retournés en France et l'autre moitié a fait le choix de rester, soit en se faisant engager par les compagnies de traite de fourrures, soit en devenant coureurs des bois. Ces Blancs se sont mariés avec des Amérindiennes.

Conversion obligée

Anéantis et meurtris de regarder leurs proches périr de maladies inconnues, impuissants, plusieurs ont opté pour un nouveau dieu qu'ils croyaient plus fort que le leur, cette croyance étant soutenue par les Jésuites. La conversion devenait un baume pour la souffrance de ces innocents.

1625

Conversion

MÉTISSE INNUE

Josée Leblanc
Directrice de la fondation UTEPI et directrice générale du Centre d'amitié autochtone de Sept-Îles

De l'animisme au catholicisme

Il est évident que le bond effectué par nos ancêtres de l'animisme au catholicisme, soit de se convertir à une toute nouvelle façon d'envisager les choses, fut désastreux. Encore aujourd'hui, et plus que jamais, nous en ressentons les répercussions négatives sur l'ensemble des Premières Nations du Québec.

Un grand respect

À cette époque, nos ancêtres vivaient dans le respect de tout ce qui les entourait. Pour eux, un esprit habitait toute chose, qu'elle soit palpable ou spirituelle, chacune des décisions prises par une personne à cette époque était basée sur le respect.

Tel un serpent

La conversion est intervenue doucement au sein des nations, tel un serpent, lentement, assurément et de différentes façons, pour finir en une conversion intégrale des nations. Ce fut le début de l'oubli des pratiques ancestrales effectuées depuis des millénaires par nos ancêtres.

Se convertir dans la peur

Beaucoup de personnes des Premières Nations, à la suite de multiples décès autour d'eux, plongèrent dans un état de désespoir. Envahies par la peur, elles se sont converties au catholicisme en croyant sauver leur famille des maladies qui détruisaient tout sur leur passage, surtout les Autochtones, laissant les Européens bien portants derrière elles : ces hommes immunisés et transporteurs de ces maladies.

Les opportunistes

Les Jésuites ont profité de cet état de peur pour faire miroiter la force supérieure de leur dieu aux Autochtones et les attirer dans la toile de leur croyance. Ces individus ont succombé, ne comprenant pas ce qui arrivait à leurs amis, leurs frères, leurs sœurs, leurs pères, leurs mères.

Place à l'espoir

Aujourd'hui, je souhaite à tous ceux des Premières Nations, qui se sont vu dépouiller de leurs croyances et de leur histoire, de vivre assez longtemps pour se sentir reconnus de ces « visiteurs », nos voisins maintenant. Je leur souhaite aussi de sentir les regards s'adoucir pour faire place à une plus grande compréhension et à une meilleure acceptation de nos différences.

Lorsqu'un individu, un village, un peuple ou une nation est ébranlé dans ses croyances fondamentales, de surcroît millénaires, il faut absolument que cet individu, ce village, ce peuple ou cette nation ait souffert d'une façon douloureuse et profonde. C'est ce que nos ancêtres ont vécu.

Ainsi, ce que nous vivons aujourd'hui est le reflet de cette dure épopée pour les premiers habitants. Il est plus que temps que ça change !

Les nations font face à un déni collectif, l'effet anesthésique général imposé doit cesser, les dormeurs doivent se réveiller.

Premier conseil de bande

C'est à l'intérieur d'une réduction qu'a eu lieu le premier conseil de bande. Comme toutes les façons de vivre avaient été changées dans ces enclos humains, plus personne ne savait comment gérer les événements et comment prendre des décisions. Or, les Jésuites introduiront cette nouvelle façon de faire chez les Premières Nations, ce qui ébahira la population et la rendra fébrile.

1640

La gouvernance autochtone vue et pensée par d'autres

Ghislain Picard

Chef de l'Assemblée des Premières Nations du Québec et du Labrador et Vice-chef des Premières Nations du Canada

Difficile de croire qu'encore aujourd'hui, la grande majorité de nos communautés soit « gouvernée » par un système qui n'a laissé aucune place à la façon dont nos sociétés étaient organisées.

Traditionnellement, le leadership revenait à celui qui pouvait l'assumer. Les arrivants ont convenu, entre eux, que ce n'était pas suffisant et qu'il fallait de toute évidence, imposer à ces sociétés un mode d'organisation qui allait à tout jamais modifier les structures naturelles propres à nos peuples. Les premières structures, les ancêtres de nos présents conseils de bande, ont vu le jour dès le début de la colonisation. Il fut donc décidé d'inciter nos peuples à participer à un mode d'élection dont ils ne comprenaient pas la méthode et encore moins la portée. Bien entendu, les gouverneurs de cette époque, avec la complicité de l'Église, avaient pour seul objectif de servir leurs intérêts. La meilleure façon d'atteindre cet objectif était d'assimiler nos peuples et la méthode la plus sûre pour s'y engager était de changer leur mode de gouvernement primitif.

Il est pourtant facile de constater qu'en dépit de la profonde influence des premiers arrivants et encore plus de celle des missionnaires, nos ancêtres ont résisté à ces tentatives d'ingérence dans le mode naturel de gouvernance de nos sociétés. La démonstration la plus évidente de cet échec et de la résistance à l'assimilation se retrouve très certainement dans la vitalité de nos sociétés, qui, dans le présent et malgré les nombreux obstacles, réussissent à s'affirmer et à exprimer fièrement leur identité culturelle, linguistique et politique.

Le respect et le partage sont la base de toutes relations.

Paroles amérindiennes

Il nous reste maintenant à renouveler la relation avec les gouvernements du jour et à engager notre communauté vers sa pleine participation dans la mise en place de structures politiques qui lui ressemblent.

Les réductions

Par définition, une réduction était un petit village palissadé où l'on inculquait la religion et la vie sédentaire ; on y dénigrait les croyances millénaires des Premières Nations. Aussi, l'animisme était incompris autant des colonisateurs que des Jésuites. En se soumettant au baptême, les gens des premiers peuples étaient acceptés dans les réductions. Plusieurs ont sauvé leur vie et celle des leurs en optant pour le baptême. C'était une autre façon de trouver de nouveaux membres pour les robes noires.

1640

De l'importance des terres indivisibles…

INNU

Pierre Gill
Éditeur spécialisé

À la fin de sa vie, peu après les premiers contacts, un Innu-Montagnais du Pekuakami explique à son petit-fils en nehlueun (sa langue), sa vision des dangers qui les menacent. Il se questionne sur l'arrivée de ces hommes à barbe, habillés de tissus, transportant des fusils et souvent accompagnés d'hommes à robe noire. « Observe ces hommes, dit-il, sans qu'ils te voient ; j'ai cherché trop longtemps ce qu'ils veulent vraiment, et je n'ai toujours pas compris. Je suis vieux maintenant, et c'est à ton tour de chercher à comprendre. »

L'enfant de dix hivers s'assoit près de son grand-père et écoute attentivement ses propos. « Je les ai vus, jadis, là où l'eau est profonde (Chek8timy). Ils parlaient une autre langue. Ils cherchaient des jeunes comme toi, pour rejoindre ce qu'ils appellent une « réduction » située à Québec. Plusieurs de tes frères y sont déjà. Là-bas, sur des terres à qui nous appartenons, on nous apprend une autre langue et on nous parle d'un dieu un peu semblable à Tshishe Mentu, mais qui serait si puissant qu'il changerait nos vies. Je te le dis, mon enfant, n'approche pas ces lieux qui t'éloigneront de tes lieux, ceux à qui nous appartenons vraiment. Sache également que ces lieux ne peuvent être divisés, et qu'aucune force sur cette terre ne peut prétendre s'en acquérir. »

> *Nous sommes tous les visiteurs de ce moment, de cet endroit. Nous ne faisons que les traverser. Nous sommes ici pour observer, apprendre, grandir, aimer, puis nous rentrons à la maison.*
>
> Proverbe autochtone australien

« Je vais bientôt mourir. Cinquante-deux hivers, c'est trop pour un homme. À toi maintenant de savoir ce qu'ils veulent, ce qu'ils cherchent. Toutefois, fais-le en te tenant loin d'eux, en refusant leur invitation. Observe-les de loin et un jour, tu auras les réponses que j'ai attendues toute ma vie. Et quand tu sauras pourquoi ils sont ici et ce qu'ils veulent, fais-le savoir à tout notre peuple. Or, ce n'est pas une tâche facile. Tu auras grande envie de les rejoindre et tu devras lutter pour t'en éloigner. Ma crainte, c'est qu'ils prennent les terres à qui nous appartenons ; ces terres qui sont notre mère et qui, quelque part, nous appartiennent tant notre relation est grande et durable. Alors, applique-toi à protéger ces terres si précieuses pour les enfants que tu auras un jour et pour les enfants que tes enfants auront à leur tour. Je te le dis, on ne peut fractionner ces terres. Elles sont toute notre vie ! »

« Garde la tête bien haute, mon enfant, et sois toujours fier de ce que tu es. Va maintenant, va. Dis à tes frères de faire ce que je t'ai dit ; de bien observer ce qui se passe en ces terres. Rappelle-leur l'importance de ne pas les diviser, car bientôt, nous nous retrouverons tous dans ces réductions et personne ne pourra désormais prendre soin de notre mère dans toute son immensité, celle qui pourtant a si bien pris soin de nous. Va, maintenant, va ! Et sache que des terres divisées en enclaves n'engendreront que d'autres terres divisées qui briseront nos déplacements, notre quête quotidienne, notre survie en tant que peuple. Nous avons toujours su apprécier les grandes choses que nous donne notre mère la Terre, et nous les apprécierons toujours. C'est à nous de leur apprendre ce qu'ils ne savent pas. C'est à nous de les convaincre de vivre comme nous avons toujours vécu. C'est seulement de cette façon que nous pourrons sauver notre mère et sauver notre peuple. »

Esclave pendue

Une autre preuve de l'esclavagisme au pays : encore aujourd'hui, il existe des traces écrites de l'histoire d'une petite esclave innue, pendue à la Place Royale de Québec.

1756

Jeune innue, esclave pendue

INNU

Jean-Charles Piétacho

Chef du conseil de bande de Ekuanitshit

Ma première réaction a été : « Est-ce vraiment arrivé ? ». Malheureusement, l'histoire confirme bel et bien que cet événement s'est passé au début des années 1700, la pendaison d'une jeune innue, esclave. J'imagine le visage terrorisé de cette jeune fille.

L'esclavage a existé sur le Nitassinan. Combien de jeunes sont partis ailleurs sans jamais savoir s'ils reviendraient vers leur territoire traditionnel ?

L'esclavage s'est perpétué avec la création des réserves indiennes, avec leurs conséquences actuelles.

Depuis ce temps, combien de fois n'avons-nous pas été pendus lorsque nous avons exprimé l'affirmation de notre titre, de nos droits ancestraux liés au Nitassinan ?

Être esclave sur sa propre terre

Nous sommes tous nés libres, égaux, dignes et autonomes. Voilà l'histoire des premiers peuples qui aimaient la terre et qui la chérissent encore aujourd'hui. La lourde conséquence de l'esclavagisme dans le monde entier a souvent été désastreuse. Tuer un être humain parce qu'il ne vous ressemble pas équivaut à un crime contre l'humanité.

Je me souviens..., voilà un très beau slogan, effectivement il faut se souvenir, de part et d'autre, de qui nous sommes et pourquoi nous sommes différents. Tout cela dans un respect mutuel !

En 1700, l'histoire nous démontre bien que la liberté d'expression n'existait pas. La seule façon pour une jeune femme d'être libre était de vivre, d'aimer la vie et de voyager avec sa famille sur une grande terre nomade.

Celui qui perd le rêve se perd.

Proverbe autochtone australien

La dernière des Béothuks

L'histoire des Béothuks représente une page noire de l'histoire des Premières Nations au Canada. Les massacres, les maladies contre lesquelles les Béothuks n'avaient développé aucun anticorps, de même que les invasions de leurs terres, ont eu raison de ce peuple qui a vu son ultime représentante s'éteindre le 6 juin 1829, de la tuberculose, vers l'âge de 23 ans. La jeune femme se prénommait Shana w Dithit, dite Nancy Avril par ses colonisateurs.

1829

« Shana w Dithit », murmurent encore les rochers…

HURONNE-WENDAT

Sylvie Paré
Artiste et agente culturelle au Jardin des Premières-Nations

Tout perdre, ses sœurs, ses amis, ses frères, son peuple, un territoire et quoi encore… J'entends encore ta voix qui vient me perturber lorsque le jour se lève. Telle une toile d'araignée, les sons traversent ce fin tissage aux couleurs d'arc-en-ciel. Comme j'aimerais te prendre dans mes bras pour te chanter les étoiles, le vent, la lune et l'écume de la mer Mais mon réflexe de consolation me semble bien faible en comparaison de la jeune femme puissante que tu es. Tu as tout à m'apprendre.

Je ne sais rien de toi mais, en même temps, je sais tout. Il y a ton histoire, celle qu'on veut faire oublier, celle que l'on écrit en blanc sur blanc pour mieux s'aveugler soi-même et les autres et celle que l'on doit chercher, telle une quête de vérité.

Je revois tes dessins, ces petits traits faits d'une main fragile et forte. Le caribou jadis tracé par une main de maître, la tienne, je le vois encore…

Qu'en serait-il de l'histoire de ton peuple sans ces petits dessins, laissés là, sur papier et sans le regard de cet homme humaniste posé sur toi, t'encourageant à te raconter ?

De ces quelques lignes : mots esquissés, femme dansante, chants, paniers en écorce de bouleau, on ne peut qu'imaginer la grandeur de ton cœur pour tous ces oubliés.

La force qui t'anime est celle d'un autre ordre, elle traverse ton corps comme un circuit de lumière. Cette même force te fait disparaître des jours et des jours en forêt, là où tu retrouves encore un certain répit malgré les drames passés et à venir. Dans cette nature forte, tu puises ta raison d'être, tu reçois les vibrations de la terre et du ciel : une vision. Cette vision qui garde encore aujourd'hui toute son actualité et qui doit nous « habiter ».

« Shana w Dithit, Shana w Dithit, Shana w Dithit », murmurent encore les rochers…

Scapulomancie

Pratique ancestrale, la lecture divinatoire des ossements d'animaux tels le caribou, le castor ou le porc-épic, était le rite qui permettait à nos ancêtres, après avoir déposé les os sur le feu, d'apercevoir la formation de craquelures colorées et de connaître exactement la position des troupeaux de caribous. La scapulomancie était pour les chasseurs une science indispensable à la survie de leur clan.

Kamanitutshit, faire appel aux esprits

Avant les robes noires
Avant la farine blanche
Sur le Nitassinan
La terre innue
Dans l'Amérique nordique
À l'époque des Shamans
Quand la faim
Au cœur du froid intense
Rongeait le clan
L'omoplate de l'animal
Dirigeait les grands chasseurs

Dans un geste millénaire
Le feu, le vent et le chant du cœur
Font naître sur l'os la vision
Et la direction vers une chasse abondante
Uashtenemunan Thsishemanitu
Lumière, lumière, Grand Esprit
Pour nourrir l'âme et le corps
De ceux qu'on aime
L'esprit est bon.

INNU

Florent Vollant
Auteur, compositeur et interprète

J'ai vu que, dans toute grande réalisation,
un homme ne peut se contenter de ne compter que sur lui-même.

Lone Man (*Homme solitaire*), Isna-la-wica (*Teton-Sioux*)

Les animaux domestiqués de l'époque

Il est intéressant de savoir que nos ancêtres apprivoisaient des animaux pour leur tenir compagnie tels que des ratons laveurs, des petits castors, des loutres et des oursons. Un peuple en harmonie avec la nature.

Apprivoisé

Chez les Premières Nations, l'être humain est interrelié avec les animaux, les plantes et les forces de la nature. L'animisme (du latin *anima*, âme, vie) est la philosophie du monde auquel ils appartiennent. Dans le monde du précontact, on n'exploitait pas les ressources, les animaux, la terre, non plus que leurs peuples.

Tous avaient une place dans le cercle de la vie et tous méritaient le respect. Des millénaires passaient sans la destruction de la Terre ou l'épuisement des ressources et des espèces. Chez les Premières Nations, on apprivoisait les animaux et on leur laissait leur liberté. L'idée de domestiquer un animal pour la lui enlever ne faisait pas partie de leur concept de vie.

Les territoires des Premières Nations n'étaient pas des abattoirs d'animaux pour en faire des articles de masse, production et distribution ; la vie y était respectée. L'exploitation des ressources naturelles et la vie des animaux d'Amérique devaient rester en équilibre pour soutenir les nations passées et celles à venir.

L'arrivée des Européens changea les Amériques pour toujours. La contamination culturelle déclencha le noyau narrateur du déclin des Premières Nations d'Amérique.

Il est temps de retrouver le respect pour guérir la Terre et réapprendre à s'apprivoiser.

MÉTISSE ALGONQUINE
Nadine St-Louis
M.A. Histoire de l'art
B.A. Cinématographie
Artisane du cuir

Diplomatie en Amérique du Nord

Nos chefs, de grands hommes, étaient tous dotés d'ingéniosité et d'un grand charisme. Ils s'exprimaient autant corporellement que verbalement lors de leurs exposés. On pouvait entrevoir la scène qu'ils décrivaient, tellement leur danse gestuelle et verbale nous transportait dans l'univers exprimé. C'était un don ! Au cours des siècles, ils en ont fait un art par respect pour leur engagement et la valeur de leur parole.

Kepeuk / Québec

INNU

Armand MacKenzie, LL.L.

Il me semble qu'il a été dit de toi, Québec,
«Quelque chose comme un grand peuple...»

Non, tu ne l'es pas encore,
Depuis quatre mille ans que je dis ton nom,
et que je nomme ton pays,
Pendant ce temps, depuis 400 ans, comme un nouveau-né,
mes nouveaux voisins apprennent à crier ton nom.

Québec, non tu n'es pas encore un peuple.

Attends, les grandes alliances d'autrefois,
Attends, les ambassadeurs des Premières Nations,
Attends, les présents et les wampums,
Écoute, les battements de mon cœur
et de ma terre natale,
Et tu seras, comme tu l'as déjà été,
Képek l'internationale.

Québec,
Ouvre les portes de ton Assemblée nationale,
Va au-delà de ta résolution,
Ouvre la Porte de l'Amérindien à celles et ceux
qui sont les bouches de leurs Nations,
Écoute-les raconter et chanter ton histoire millénaire,
Comme des Nations Unies dans un collier de wampum,
Écoute-les parler de toi
dans les différentes langues officielles du pays,
Écoute-les dire Québec
en innu, en mik'maq, en inuk, en eeyou, en anishnabe,
en wolastaqiwik, en atikamekw, en naskapi, en wendat,
en kanienkeh et en alnobak.

Les guerres sont livrées pour savoir qui possède la terre, mais au bout du compte, c'est elle qui nous possède.
Celui qui ose affirmer la posséder, ne repose-t-il pas sous elle ?

Cochise, Apache Chiricahua

Québec, ouvre ton coeur,
Redeviens celle que j'ai connue, généreuse,
et laisse tes enfants autochtones vivre de ton territoire immense,
Invite mes nouveaux frères et sœurs venus accoster à ton rivage,
à comprendre « Kepeuk! » comme un mot de partage.

Québec,
Avec le tambour de mon peuple innu,
Apprends à tes enfants venus de par le monde
À écouter les battements de la Terre-Mère,
et à se joindre au feu des alliances de la Maison Longue du Conseil,
Invite-les à prendre refuge sous le Grand Arbre de la Paix.

Québec,
Sois le pays des premiers peuples et de celui qui aspire à le devenir,
Invite-les à conclure la Grande Paix des Braves
et alors seulement tu seras quelque chose comme un grand peuple.

L'histoire d'une toile

Laissez-moi vous raconter un peu l'histoire des toiles présentées dans ce livre. L'artiste a utilisé les différentes étapes de la préparation traditionnelle de la peau afin de démontrer le savoir-faire des ancêtres des Premières Nations du Québec. Il a voulu explorer les différentes réactions des matériaux sur celles-ci. Dans la collection, nous retrouvons des œuvres réalisées sur des peaux de babiche blanche et brune ; certaines sont sur des peaux tannées et d'autres sur des peaux tannées et fumées, ce qui inclut toutes les étapes de la façon traditionnelle de réaliser le tannage.

La cordelette qui relie les peaux aux encadrements est formée de peau et des nerfs de caribou dans ce cas-ci. Cette cordelette était utilisée autrefois dans tous les travaux quotidiens au sein des nations. On se servait de la peau et des nerfs de différents animaux, tout dépendant de l'utilité et de la nation qui la confectionnait ainsi que de la raison pour laquelle elle était produite.

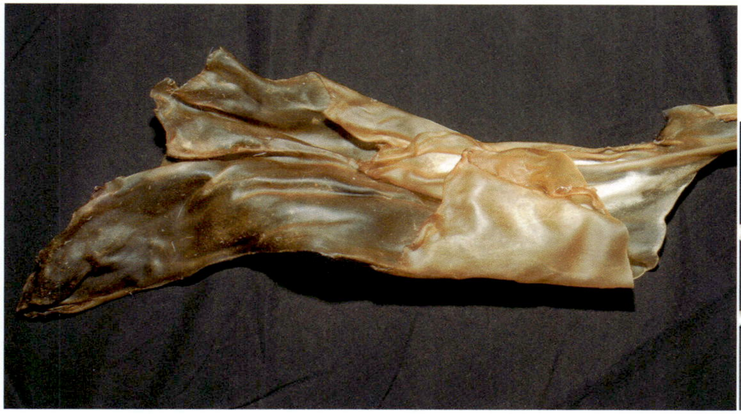

L'âme de l'encadrement

Chacune des œuvres repose sur une structure de bois qui devient la tanière des toiles, et cette œuvre en elle-même possède une essence bien à elle. Longuement pensée et empreinte d'une douceur amérindienne, l'armature de bois a été taillée dans la forme polygonale pourvue de douze côtés isocèles, signifiant la présence des douze Nations autochtones sur le territoire de notre époque, appelé le Québec.

La forme intérieure du cercle nous rappelle le culte que les Premières Nations vouaient à notre Mère à tous : notre vieille et belle planète « Terre ». La rondeur impeccable symbolise le Cercle de la Vie, la Roue de la Médecine, et le tambour, si important chez nous, représente le spirituel battement de cœur des Nations.

La vie était représentée par un grand cercle qui va de la naissance jusqu'à la mort et la renaissance. Le mois de notre naissance indique notre point de départ sur la roue et nous donne un totem dans le règne animal, végétal et minéral. Le mois de notre naissance indique aussi notre point cardinal et nous montre quel est notre Esprit protecteur.

Telle la roue amérindienne, la structure est composée de quatre différents morceaux qui représentent les quatre directions, soit le nord, l'est, l'ouest et le sud. Elle évoque aussi les quatre saisons, les quatre races, soit la race blanche, la noire, la rouge et la jaune. Chaque secteur est habité par un animal, par un vent, par un pouvoir, par un côté sombre et par un « esprit protecteur ». De plus, chaque section concorde avec un moment de la journée.

Les quatre directions

Selon la tradition amérindienne, les quatre directions sont d'une très grande importance. Nous les célébrons et les honorons à l'ouverture et à la fermeture de toutes nos célébrations.

- Le **Nord**, incarné par la couleur blanche, représente l'air.
- L'**Est**, évoqué par la couleur jaune, représente le feu.
- Le **Sud**, imagé par la couleur rouge, représente la Terre.
- L'**Ouest**, symbolisé par la couleur noire, représente l'eau.

Le podium sur lequel repose l'encadrement est subtilement inspiré des meubles du XVIe siècle, période des grandes rencontres. En admirant l'œuvre, on peut aisément établir le parallèle que l'artiste a voulu démontrer, soit celui de deux cultures qui s'emboîtent et ne font qu'une, comparable à l'encadrement et à son socle.

Comme nos ancêtres, nous avons voulu utiliser le maximum de matériaux naturels dans l'entièreté du projet. Étant donné que les faits historiques racontés se déroulent en majorité le long du fleuve Saint-Laurent, nous ne pouvions oublier l'utilisation des coquillages. Nous avons aussi privilégié différentes peaux de plusieurs animaux du terroir tels l'ours, le castor, l'orignal, le vison, le renard blanc et la martre. Ces animaux ont été immergés dans le processus de création. Griffes d'ours, ergots de chevreuil, bois de caribou, pierre, laine, plumes d'aigles, de perdrix, poils d'orignaux, sang, crins de cheval, cire d'abeille et enfin ocre rouge et petits fruits ont aussi servi à la mise en œuvre du projet.

Laissez-nous offrir un dernier hommage à M. Uldérick McKenzie qui a rendu l'âme peu après le lancement de la collection en décembre 2008. Grâce à cet Aîné innu de la communauté de Matimekosh et à sa généreuse transmission de savoir traditionnel, toutes les peaux de la collection ont été tannées en conformité avec la tradition.

Thsinashkumitin mak lamé

Dans ce projet, le savoir traditionnel du travail de la peau a été légué et inculqué par monsieur et madame Uldérick McKenzie, Aînés de Matimekosh.

Josée Leblanc
notes biographiques

Josée Leblanc
Directrice de la fondation UTEPI et directrice générale du Centre d'amitié autochtone de Sept-Îles

Métisse, je me suis longtemps considérée comme une « Patriote apatride » ! De m'investir pour un tel projet a redonné un sens identitaire à ma vie. À travers cette ambitieuse visée, qui s'est échelonnée sur une période de trois ans, je n'ai eu d'autres choix que de sillonner un sentier intense et profond. Bref, ce fut un grand voyage spirituel brutal, certes, mais combien guérisseur !

Avant l'achèvement du projet « Je me souviens… des premiers contacts », je croyais sincèrement en l'importance de connaître son histoire, mais sans l'avoir expérimentée. Aujourd'hui, je peux affirmer que toutes les personnes, tous les peuples, toutes les nations doivent, à un certain moment de leur histoire, entreprendre ce périple qui est un parcours essentiel pour parvenir à la sérénité.

Destination vérité

J'émerge de cette aventure transformée à jamais, éclairée par de nouvelles certitudes, celles de « qui je suis » et « d'où je viens ». Croyez-le, vivre dans l'ignorance de ses racines est synonyme de tourmente. À la suite des nombreuses découvertes acquises tout au long de la réalisation de ce projet, je peux maintenant vivre en harmonie et être fière de mes sources. Et il me reste encore à apprendre ! J'avance pour toujours dans les sentiers de la connaissance, une vérité essentielle pour l'épanouissement de mon peuple.

Ah ! j'oubliais combien il sera bénéfique et formateur pour tous de connaître enfin l'histoire, la véritable, celle qui a été violée en étant effacée et à preuve, de n'avoir jamais paru dans les livres des écoles du pays.

***

Josée Leblanc est née en 1969 à Sept-Îles d'un père innu et d'une mère allochtone. Elle a étudié en marketing et en finances. Mariée au peintre innu Ernest Dominique depuis 2006, elle entreprend de très grands projets avec lui. Leur mission commune : promouvoir l'art et l'histoire des Premières Nations. Leur devise ? Au-delà de l'art, l'histoire, et au-delà de l'histoire, l'espoir.

Aness
notes biographiques

INNU

Ernest Aness Dominique
Peintre

Dès sa tendre enfance, Ernest *Aness* Dominique épate par son talent naturel. Ce jeune innu habite une des régions les plus éloignées des grands centres, ce qui implique que son talent progressera longtemps avec les moyens du bord. Tout au long de sa jeunesse, Ernest croit qu'il est le sixième d'une famille de dix enfants. Il découvre plus tard qu'en fait, il est le septième d'une famille de onze enfants. La sœur aînée d'Ernest refait apparition dans sa vie au cours de 2001. Ce qui est des plus surprenants, c'est qu'elle rencontre l'artiste à travers ses œuvres avant de découvrir plus tard son petit frère à travers sa famille. Sa grande sœur, qui est attirée par les arts comme la majorité des autres enfants de la famille, se retrouve un jour, sans le savoir, à l'exposition de son frère maternel. Anecdote qu'ils ont du plaisir à évoquer aujourd'hui.

Depuis son jeune âge, Ernest peint la nature, les animaux, les guerriers, comme celui qui sommeille au fond de lui et qui tente de s'éveiller. Il peint les traditions ancestrales de son peuple ainsi que la misère qui l'entoure. Il se réfugie dans sa seule et unique passion afin d'oublier tous ces problèmes auxquels tous font face partout où il regarde. Il n'en est pas conscient à ce moment, mais cela lui rend un grand service dans l'accroissement de son talent.

Il évolue rapidement dans la polyvalence : tout l'enchante, tout l'attire. Il se considère comme « peintre explorateur ». Il passe par une période où la lumière l'obsède, partout où il regarde, il analyse, il décrypte, il fait l'apprentissage de la lumière et des couleurs en cherchant toujours la manière d'arriver à peindre ce qu'il aperçoit le plus précisément possible. Ses interlocuteurs sont exaspérés. Ernest n'écoute pas ; il est tout à son monde de création. Il doit se sortir de cet état second afin de continuer une vie sociale, parallèle à sa vie de peintre, ce qu'il réussit à faire après quelques années, malgré qu'il retombe encore facilement et à son aise dans ce monde qui le fascine tant.

Après plusieurs périodes artistiques différentes, Ernest se donne comme mission de faire découvrir sa culture et surtout, il aspire, à travers son art, à une meilleure compréhension de son peuple tragiquement marqué par l'histoire. Ce qu'il réussit : il parvient habilement et subtilement à nous faire pénétrer dans sa peinture et ses histoires à travers lesquelles il tente d'affranchir le passé de toute une nation.

Ses premiers coups de crayon ont pris forme sur un bout de sac brun d'épicerie. Une petite tente, un lac et un arbre couché sont nés sur le seul médium à sa disposition à cette époque. Ses premiers contrats pour les gens de son village ont été de faire des murales dans les maisons de la communauté, puis pour le conseil de bande qui lui passe des commandes. Il commence de peine et de misère à vivre de sa peinture, ce qui a duré des années. Les jours de semaine, il est peintre en bâtiment et les soirs et les week-ends, il est artiste peintre. La peinture ne le lâche pas ; elle ne lui laisse aucun répit. Au fil du temps, la vie lui fait comprendre qu'il doit devenir artiste peintre ! C'est sa voie !

Rapidement, la peinture lui devient aussi nécessaire que l'air qu'il respire. Il développe au fil des années un coup de pinceau convainquant et ensorceleur. Lorsque vous posez les yeux sur l'une de ses toiles, vous sentez naître au plus profond de vous un sentiment souvent insoupçonné et surprenant, vous faites l'expérience de la séduction visuelle. Il anime autant les passionnés des arts que monsieur Tout-le-monde. Découvrir une partie de son histoire, une partie de sa vie, de ses souvenirs et des personnages ayant vécu autrefois, c'est faire sa propre connaissance à travers son art à lui.

C'est sous le pseudonyme *Aness* que ses admirateurs font sa connaissance. Il doit son nom à sa grand-mère. À cette époque, le prêtre du village donnait les noms aux nouveau-nés sans que personne n'ait un mot à dire. Lorsque ce petit innu arrive sur son autel, il le baptise Ernest. Incapable de prononcer la lettre « R » qui n'existe pas dans le langage natal, l'alphabet innu, il devient pour sa grand-mère et son peuple *Aness*, nom qu'il gardera toujours en souvenir de sa *nukum*.

Petit innu, issu d'une famille très pauvre au nord du 55e parallèle, il trace son chemin depuis bien des lunes. Aujourd'hui, muni de son chevalet et de ses pinceaux, il parcourt la planète : les invitations fusent de toutes parts et de différents pays. Qui aurait pensé, à cette époque, que ce petit homme timide et renfermé serait un jour l'un des plus grands peintres du pays ? On pourrait affirmer qu'en lui le guerrier s'est réveillé !

Destination : découverte de soi

Heureusement, dans notre monde, il existe des êtres possédant une éminente grandeur d'âme. Nous avons eu la chance d'en croiser quelques-uns au cours de notre fantastique voyage dans le temps, celui où nous avons pu découvrir et redécouvrir certaines périodes de notre passé ainsi que leur déroulement véridique et incontestable. Nous nous sommes transportés dans le monde de notre imagination où les événements que nous décrivaient nos collaborateurs prenaient vie. Nous avons revu le film de notre histoire dans les scènes décrites par ces anthropologues, historiens, professionnels et spécialistes en matière autochtone : des hommes et des femmes qui nous ont appuyés tout au long de cette démarche vers la connaissance de nous-mêmes et de notre peuple. Grâce à ces personnes, nous avons pu, tous ensemble, nous réapproprier notre histoire à travers les récits de *Je me souviens… des premiers contacts*.

Ces gens ont bien voulu partager leurs connaissances et les transmettre avec une grande ouverture et une remarquable générosité. Ensemble, nous avons travaillé dans un esprit d'entraide avec les différentes Nations et nous en sommes fiers. Parler d'eux aurait pu faire l'objet d'un ouvrage entier. Malheureusement, nous avons dû nous contenter de vous les présenter à l'aide de biographies succinctes.

Rémi Savard
notes biographiques

Après l'obtention d'une maîtrise en sociologie à Université Laval (Québec, 1960) et d'un doctorat 3e cycle en ethnologie à l'École Pratique des Hautes Études (Sorbonne, Paris, 1964), Rémi Savard a enseigné au département d'Anthropologie de l'Université de Montréal jusqu'à la fin de 2001, à l'exception d'un intervalle d'environ cinq ans où il fut à l'emploi de l'Université Laval. Cet enseignement s'est constamment nourri de recherches auprès de communautés issues de peuples, dont les descendants de colons venus d'Europe entreprirent, au milieu du XIXe siècle, de s'approprier les territoires et les ressources naturelles. Ces travaux donnèrent lieu à la publication de plusieurs articles et d'une douzaine d'ouvrages.

Serge Bouchard
notes biographiques

Serge Bouchard
Anthropologue

Anthropologue, Serge Bouchard s'intéresse depuis quarante ans aux cultures amérindiennes. Sa thèse de maîtrise (Université Laval, 1972) portait sur le savoir des chasseurs-trappeurs innus du Labrador. Serge Bouchard est aussi passionné de culture populaire et d'entreprise. Sa thèse de doctorat (Université McGill, 1980) décrivait et analysait la culture et le mode de vie des camionneurs au long cours.

Écrivain, Serge Bouchard est l'auteur de nombreux ouvrages, dont *L'Homme descend de l'Ourse, Le moineau domestique, Les corneilles ne sont pas les épouses des corbeaux* et *Récits de Mathieu Mestokosho, chasseur innu*, tous publiés aux éditions Boréal. Avec Bernard Arcand, il a aussi publié la série *Les Lieux Communs*. Son dernier ouvrage, *Confessions animales, BESTIAIRE*, est paru à l'automne 2006, aux éditions du Passage.

Communicateur remarquable, Serge Bouchard anime *Les Chemins de travers* et *De remarquables oubliés*, à la Première Chaîne de Radio-Canada.

Denys Delâge
notes biographiques

Denys Delâge
Anthropologue

Membre du CIÉRA et de La Société des Dix, Denys Delâge est professeur au département de Sociologie et au département d'Histoire de l'Université Laval. Il y enseigne les méthodes de recherche et le travail d'enquête, de même que l'histoire des Amérindiens, domaine principal de ses publications.

Ses travaux des dernières années ont principalement porté sur les réseaux d'alliance franco et anglo-amérindiens. En 1985, il a publié *Le Pays renversé, Amérindiens et Européens en Amérique du Nord-Est 1600-1664*, qui lui a valu le prix Lionel-Groulx du meilleur livre d'histoire et le prix John Porter du meilleur livre canadien de sciences sociales. L'ouvrage a été traduit et publié en anglais. Il a publié plus récemment, avec Jean Pierre Sawaya, *Les Traités des Sept Feux avec les Britanniques. Droits et pièges d'un héritage colonial* (2001). Il collabore régulièrement à la revue *Recherches amérindienne au Québec*, où il a notamment dirigé un numéro thématique sur les Hurons de Wendake (2000). Ses recherches les plus récentes l'ont notamment conduit à s'intéresser à la place des chiens dans l'histoire de la rencontre entre Français et Amérindiens (*Cahiers des Dix*, 2005) à la dynamique d'alliance et de conquête, de même qu'à l'héritage colonial.

Sylvie Vincent
notes biographiques

Anthropologue, Sylvie Vincent a été co-fondatrice, puis rédactrice pendant cinq ans de la revue *Recherches amérindiennes au Québec*. Parallèlement, en tant que chercheure autonome et membre du Laboratoire d'anthropologie amérindienne, elle a recueilli et contribué à l'analyse d'éléments de la tradition orale des Innus du Québec. Par la suite, comme membre du Centre de recherche et d'analyse en sciences humaines ou à titre personnel, et tout en continuant à recueillir la tradition orale des Innus, elle a réalisé des études portant, notamment, sur les sujets suivants : évaluation des études d'impacts sociaux des grands projets nordiques, examen des processus de consultation des populations, histoire des Autochtones du Québec et analyse de l'image des Autochtones dans la société québécoise. Au cours des dernières années, en tant que chercheure autonome, elle a travaillé à des projets ayant trait à l'histoire et à la cartographie de la fréquentation et de l'utilisation de leurs territoires par les Innus de différentes communautés. Dans le domaine de la tradition orale, elle s'est penchée plus particulièrement sur les savoirs de type historique. Une bonne partie de ses travaux ont donné lieu à des rapports non publiés.

Ernest Aness.D IAF

Remerciements

Pour avoir cru en nous et au projet depuis le commencement

- Monsieur André Maltais
- Monsieur Denis Vollant
- Monsieur Ghislain Picard

Pour l'appui apporté au cours du projet

- Monsieur André Maltais
- Monsieur Geoffrey Kelley, ex-ministre
- ADL Tobacco
- Aéropro
- Aluminerie Alouette
- APNQL
- Ashuanipi
- Assemblée Mamu Pakatatau
- Atelier du Père George
- CDEM
- Club de golf Stoneham
- Conseil de bande d'Essipit
- Conseil de bande d'Ekuanitshit
- Conseil de Uashat mak Mani-utenam
- Conseil tribal Mamuitun
- Dépanneur Alphé Picard
- Hôtel Le Gîte
- Institut culturel et éducatif montagnais (ICEM)
- Investissement des Premières Nations
- Mashk
- Norbati Consultants
- Régime des bénéfices autochtones
- Regroupement des Centres Amitiés Autochtones
- Secrétariat aux Affaires autochtones
- SOCAM
- Socariaq
- Uisht Construction
- Station Innu
- Voyage InterNation
- Les Galeries Montagnaises
- McKeil Marine

Toutes les œuvres présentées dans ce livre sont de Ernest *Aness* Dominique

Couverture : *Les onze nations autochtones du Québec*, 2006
Pages de garde : *Les douze nations qui ont habité le territoire du Québec*, 2007
Carte des Premières Nations, Kalu, 2009
Page viii : *Danseur algonquin*, 2002
Page xiv : *Jeune faucon*, 2007
Page 3 : *Préparation pour la chasse*, 2000
Page 7 : *Chasseurs de caribous*, 2000
Page 13 : *Nomades*, 1999
Page 21 : *Purification*, 2000
Page 33 : *Hiver matinal*, 2000
Pages 38-39 : *L'ermite*, 1994
Page 42 : *Le vieillard*, 2001
Page 43 : *Le purificateur*, 2003
Page 48-49 : *Troc*, 2000
Page 55 : *Peaux-Rouges*, 1989
Pages 60-61 : *Stratèges iroquois*, 2002
Page 65 : *La promise*, 2001
Page 75 : *Le guérisseur*, 2009
Page 80 : *Harfang de Lune*, 2007
Page 82 : *Le brave*, 2008
Page 88 : *Les canotiers*, 2003